新青年

新青年读本

回归大自然

Huigui Daziran

□ 刘锋杰 选编

北京大学出版社
PEKING UNIVERSITY PRESS

图书在版编目(CIP)数据

回归大自然/刘锋杰选编.—北京:北京大学出版社,2006.1

(未名·新青年读本)

ISBN 7-301-10183-X

Ⅰ.回… Ⅱ.刘… Ⅲ.汉语-高等学校-课外读物 Ⅳ.H1

中国版本图书馆CIP数据核字(2005)第137233号

书　　　名:回归大自然

著作责任者:刘锋杰　选编

丛 书 统 筹:许迎辉

责 任 编 辑:魏冬峰

标 准 书 号:ISBN 7-301-10183-X/G·1801

出 版 发 行:北京大学出版社

地　　　址:北京市海淀区成府路205号　100871

网　　　址:http://cbs.pku.edu.cn

电　　　话:邮购部62752015　发行部62750672　编辑部62752824

电 子 信 箱:xuyh@pup.pku.edu.cn

排　版　者:北京高新特打字服务社　82350640

印　刷　者:北京宏伟双华印刷有限公司

经　销　者:新华书店

850mm×1168mm　32开本　9.875印张　196千字

2006年1月第1版　2006年4月第2次印刷

定　　　价:19.80元

目录

第二辑　四季生活

第三辑　花　未　眠

第四辑　大川之水

第五辑　写给小鼠

第六辑　夜莺之歌

第七辑　我的山谷曾如此绿

第八辑　山水及自然景物的欣赏

重建人的自然感性
（代导言）

◎刘锋杰

1

如果对人类的感性生命进行分析的话，我认为体现为两种基本的形态，一种是欲望感性，一种是自然感性，它们共同构成人类感性生命的丰富性、复杂性与统一性。欲望感性是人为了满足自身的生理需要所体现出来的感性要求，它以对物质利益的占有为目的，形成了对于物质的嗜好、追求愿望与满足快感。欲望感性是一种内向的收缩的感性状态，一旦发展过度，感官被物质的欲望阻塞，就会对自然无动于衷，甚至产生排斥自然的内在惰性。再加上现代的生活本来就是远离自然的，从而为欲望感性的漫溢提供了更大的空间与动力，人失去感应自然的能力，几乎成了必然的生存状态。自然感性则是人对自然的感性经验所形成的感知自然的敏感性，与自然保持密切关联的感应能力，由生命深处所生发的对于自然的亲近感，以及人对自然的归依感。

人类的生活遭遇了失去自然感性的极为严重的危机。有一篇报道，在日本，百分之七十以上的城市孩子，没有看过日出。在中国，这样的孩子也不会少。其实，城市的大人们也是差不多的，他们住在高层建筑里，独门独户，享受着充实的食物，一个个超体重，匆匆忙忙地上班，拼着性命挣钱、逛街、购物，自身的欲望获得了无限的满足。但是，他们真的幸福吗？未必。幸福离不开物质的支撑，但又无法只用物质的满足就能实现。欲望如同放出笼子的老虎，它的追逐无穷无尽。一个欲望满足了，会产生十个欲望；十个欲望满足了，会产生百个欲望；百个欲望满足了，会产生千个欲望，以至无穷。对人而言，受神学的、理学的、政治的禁欲主义的束缚，使得欲望感性无足轻重，生命干瘪枯燥，这不好。在重绘生命图景的过程中，如果仅仅只是重建欲望感性，并在欲望的放纵中，使欲望感性取代理性，再取代生命的其他活动，就会走向另一个极端，人的生命单一化，造成生活的危机。

在今天，要校正人类步履，一方面当然需要理性的介入，这种智慧告诉人们应当在欲望的满足中适可而止；另一方面是要重建人的自然感性，它既是对于过度的欲望感性的制衡，同时，也是参与人类理性的重建，为人类理性提供尺度。试想失去了自然的合理性，理性凭什么判断欲望过了头？自然的合理性本是最后的合理性，对于理性而言，它是母体；对于欲望而言，它是中和；对于整个人类而言，它是判断一切的最后尺度。面对失去自然感性的状态，我们只有重建自然感性，才有出路。我认为，只要人的心中关于自然的感知能力被重新唤醒，人类就有可能重建人与自然的关系。

2

在一个较长的时间内，人类为了自身的物质需要，是将自然视作衣食住行的物质来源对待的。战胜自然，从自然获取人类的生活资源，成为人与自然的主要关系。于是，人定胜天是人类对待自然的基本行为准则，由此建立的人对自然的态度，实际上就是人类试图控制自然，并且认为控制的程度越高，人类摆脱自然的程度与成就也就越高。这并没有全错，因为人类要生存，不控制自然，不能从自然获得生活的资源，人类就会灭亡。即使是现在的生态主义者，也绝不会看着人类消亡的，生态主义者是爱人类的，所以才为人类的发展殚思极虑。

但是，随着人对自然的征服程度的提高，也是随着人类物质需求的无限膨胀，自然在人的心目中的形象也就越来越物质化与低卑化。人类失去了对自然的神秘而敬畏的态度，也失去了农业文明时期由于人与自然的紧密接触而产生的依恋感。在工业社会，人类开始脱离自然而躲进大城市的怀抱，只能遥望自然而对自然陌生了。更进一步，在网络时代，由于网络可以模拟自然，人们有可能沉溺于模拟的自然中，不必去过问真正的自然是什么了。人类与自然的关系经历着巨大的转变:在人与自然的对立时期,因为人的能力有限,它与自然保持着接触而能够互存;发展到今天,人自以为能够战胜自然,却走向了与自然的分离而与自然分存。人对自然的感觉,也就随之而改变了它的显现方式:先是在与自然的艰苦搏斗中产生了对于自然的痛苦且美好的记忆;接着,在超越自然的胜利中产生了对于自然的优越感及轻视感;到最后,无视自然,当然也就在心中没有自然这样的感觉了。

结果是什么?是孤独。人离开自然显示了力量,但人的力量再大,一旦没有依归,不落实在自然这个基础上,强大反而更加容易表现出孤独。也是窒息。大自然提供想象的空间,海阔凭鱼跃,天高任鸟飞。没有海阔,鱼不能跃;没有天高,鸟不能飞。没有了大自然,人能够想象的经纬度就会大打折扣。还是失乐。领略自然的美景,本来是人类精神享乐的一个无穷无尽的源泉。在人的感官与心灵中失去了自然,人将失去了一块审美的乐园。

要重建人的自然感性,就要改变人对自然的态度,为自然复魅,体认自然正是以其永恒的不变性与广大的孕育性来托起人类的生存,从而警戒人类遵从自然而非狂妄地超越自然来实现人类的一切野心。

歌德说过:

> "自然!她环绕着我们,围抱着我们——我们不能越出她的范围,也不能深入她的秘府。不问也不告诉我们,她便把我们卷进她的旋涡圈里,挟着我们奔驰直到倦了,我们脱出她的怀抱。

她永远创造新的形体；现在有的，从前不曾有过；曾经出现的，将永远不再来；万象皆新，又终古如斯。

我们活在她怀里，对于她永远是生客。她不断地对我们说话，又始终不把她的秘密宣示给我们。我们不断地影响她，又不能对她有丝毫把握。”①

歌德是一个科学家，照常理说，他将看透自然，可他没有看透，原因在于自然就是看不透的。今天的科技发达，人类能够航天，探索已远及外太空，到达月球、火星，可实际上，人类所能达到的“天”到底有多大，并不知晓，关于宇宙起源的理论大都是假想。当乘坐的飞机穿过暴风雨的云层而升高到万米以上，你会发现那里阳光灿烂，一望无垠。这时候，你想到了什么？这一望无垠里除了有许许多多的星球外，难道就没有其他的存在物？自然太神奇，神奇到人类无法想象它，更不用说把握它了。在这样的自然面前，人类到底有多大的力量，确实是值得怀疑的。歌德告诫人类：在自然面前，一切其他的力量都是等而下之的。破坏自然的，必将受到自然的报复。追随自然的，必将受到自然的宠爱。人与自然的一体，应当促使人去保持这种一体性。

令人魅惑的自然是受人尊敬的对象，而非仅仅是人类征服的对象；是一种整体的生命，又包含着无数的

① 歌德：《自然——断片》，载《外国散文经典100篇》，苏福忠选编，罗务恒译，北京：人民文学出版社2003年版。

个体生命，它们生生不已；是一个可以被无限感觉的对象，不是一个能被有限认识的对象。人因自然的魅惑而对自然情有独钟，自然是人类的审美对象。

3

在今天，为自然复魅，既不能通过仪式的方式来进行，也不能创造图腾来建立。当人们持续地、全面地接触自然时，我相信自然的魅力，就会从人的心底油然而生。自然的魅力不是自然向人散发的，而是由人去体味的。只有调动了人的自然感性，才有自然的魅力。当人不断地发现自然的奥秘时，自然的魅力就在人的心中全面地滋生，并被逐渐地确定下来。爱默生在自然中发现了什么呢？他发现人与植物之间有着玄奥关系，人向它们点头致意，它们也在向人点头致意。当他站立在田野里时，他清晰地感觉到了自然进入人体的微妙："站在空旷的土地上，我的头脑沐浴在清爽的空气里，思想被提升到那无垠的空间中，所有卑下的自私都消失了。我变成了一个透明的眼球，我是一个'无'，我看见了一切，普遍的存在进入了我的血脉，在我周身流动。我成了上帝的部分或分子。"①

二十多年前，我是一个乡村的代课教师，喜欢赤脚上课。春天，走在四月的田埂上，刚刚新翻的水田，和着暖暖的风，透着沤肥的淡淡的腐烂气息，深深地吸一

① 爱默生：《自然》，载《自然沉思录》，博凡译，上海：上海社会科学院出版社 1993 年版。

吸。脚在田埂的新泥上，一走一个凉爽。脚总是慢慢地抬起来，却又急急地踏下去，凉爽从左脚又从右脚，弥散到全身，先是在脚底板上，再上升到腿肚、胯部、胸腔，流向两手，流向大脑，那种融进大地的感觉，酥醉一身。与自然的亲密接触，吞下了苏醒灵魂的还魂丹。

全面接触自然的基本方式是劳动。“日出而作，日落而息。”这种联系是长期的、渐进的、深入的，它看似在一种对立中，实际上却完成了将自然带进人的身体与灵魂的任务。劳动是全面打开人对自然感知的一个有效过程，即使劳动有时候会以伤害人的身体的方式介入人的生活，还是将自然保存在人的记忆中。如果除去压抑，这种关于自然的记忆就会被释放出来，为人的自然感性的生成提供一种过于残酷的但却是刻骨铭心的感性经验。

过于艰苦的劳动会使人对自然的感觉变得十分迟钝。“坎坎伐檀兮”的伐木工人，就未必能够清晰地表达自己对自然的欣赏意见，深受压迫的农民也看不到田园风光的动人处，但这不是说劳动在建立人与自然的关系上已经不起作用。当劳动被异化成为对劳动者的束缚时，劳动连接人与自然的那层关系被扭曲，人对自然的感觉就被同样扭曲，人由自然中所可能获得的愉悦也被劳动所引起的痛苦、怨恨所遮蔽。可是，一旦沉重的劳动结束，或者是劳动的意义发生了变化，这些原来因劳动而产生的人的自然感性，就会复活，重新绽放。伐木工人在冬天的木屋里围炉小酌，山林的美好就会在他的脑海中被重新记起。一位老农成了土地的主人，一切有关土地的记忆就变得无比的灿烂与令人欣喜。我感到，在任何情况下，都不要否定劳动对于连接人与自然的作用，只是这种作用或以明的方式或以隐的方式来表现而已。

艺术实践同样重要。人在艺术实践中与自然的密切关联，既是身体的，又是心灵的，由此建立的人与自然的关系，更能显示全面性与创造性。艺术实践或艺术劳动是通过对自然的观察与体验，经过对自然的模仿，创造艺术中的自然，完成人与自然的交流、共鸣、互生，这个艺术品以其对自然的全面介入与全面体现为特征，进入人与自然浑然为一的感觉状态与生存境界。

比较看来，体力劳动与自然的连接，是直接的感受多于间接的观察，艺术劳动与自然的连接是间接的观察多于直接的感受。艺术的劳动超越了体力的疲惫，更利于释放与调动人的心灵活动，在获取自然的感觉方面，具有体力劳动所无可比拟的优越性。需要避免的是在从事艺术劳动时，不可抱持过分的欣赏态度来对待自然，应当像一个体力劳动者那样沉入自然，达到浑然不觉的状态，才能打开自己对自然的真正感知。如果一个艺术实践者同时又是一个体力劳动者，个人与自然的统一，可以达到极致。陶渊明就是典范。他是一位劳动的诗人，他的诗是劳动的记录与体验。“种豆南山下，草盛豆苗稀。晨兴理荒秽，带月荷锄归。道狭草木长，夕露沾我衣。衣沾不足惜，但使愿无违。”[①]陶渊明把劳动视作自己的生活本身。草盛苗稀，要想有秋天的收获，得付出汗水，得手上磨出老茧。

---

① 陶渊明：《归园田居》第三。

从早晨出来干活，到天黑才能收工，可谓披星戴月，他也毫无怨言，他是快乐的。若轻轻地吟诵陶诗，那舒缓的调子，透露的是人生的欣喜。尽管生存的条件是简陋的。“风来入房户，夜中枕席冷。”①尽管衣会破，体已衰，却无法抑止诗人在劳动中产生的欢乐之情。“采菊东篱下，悠然见南山。”②“平畴交远风，良苗亦怀新。”③这是没有参加劳动、与自然交往不深的人所无法体验到的。陶渊明代我们一切渴望回归自然的人们拟写了一份宣言，我们应当大声朗读：

> “少无适俗韵，性本爱丘山。误落尘网中，一去三十年。羁鸟恋旧林，池鱼思故渊。开荒南野际，守拙归园田。方宅十余亩，草屋八九间。榆柳荫后檐，桃李罗堂前。暧暧远人村，依依墟里烟。狗吠深巷中，鸡鸣桑树颠。户庭无尘杂，虚室有余闲。久在樊笼里，复得返自然。”④

今天的劳动方式已经改变，人与自然直接交往的体力劳动，已经被人与自然相隔离的脑力劳动所取代，这是重建人与自然关系的困难处。但艺术的实践却在全面强化，摄影、作画、广告、园艺、游记、旅游等等都是，不同形式的艺术实践活动将成为重建人与自然关系的不可忽视的重要方式。此外，在我们的日常生活中，为了与自然保持全面的接触状态，如果你走在高楼

---

① 陶渊明：《杂诗》第二。
② 陶渊明：《饮酒》第五。
③ 陶渊明：《癸卯岁始春怀古田舍》。
④ 陶渊明：《归园田居》第一。

林立的城市商业区,你不妨抬头看看天上的白云,它会带你到想象之中,远走高飞,你的心情会因此而放松。如果你坐在狭小的办公室里,你应当关掉电灯、暖气,拉开窗帘,让太阳照进来,那种温暖,会一直钻进你的心窝,让你暖得彻底。如果你能来到湖边、山中,你应该躺下来,与草地相黏糊,让丛生的杂草抚摸你,你也抚摸杂草,你与草的亲密接触,会使你感到有一只灵巧的小手在你的身上与心中摩挲,也许比爱人的手更温柔,这只灵巧的小手叫自然。要是在海边,你必须下海,投入海浪,任海浪将你翻卷,你是沧海一粟,随着海浪而起舞,你属于大海,大海也属于你,你的生命之大,会从此成为你的最强记忆。要是你在天上,你能够跳伞,你应当跳一次,空中的感觉一定很棒。

4

人有自然感性,人就如同花开满庭那样灿烂。当你无法向自己的同类叙述痛苦与失意时,你可以向自然叙述,自然会静静地倾听;当你感到孤独时,你可以投入自然的怀抱,自然会毫不吝啬地用阳光雨露温润你的灵魂,让灵魂找到归宿;当你狂妄时,你不妨到高山大海去,你可以看看自己的渺小与无能,重新定位,会减轻你的心灵负担;当你感到空虚而无意义时,你应当想想花落花开,流水无限,悟出生命的真谛乃在于存在与消逝,意义就会重新回到你的身上。生命不能承受人的狂妄、高傲、目空一切之重,也不能承受人的虚无、失望、逃避一切之轻。在自然中,这重与轻,将统统地被吸纳，被转化，创造出一个活泼泼的健康之人，与自然携手，像自然一样博大而幽深，是为“天人”。此时的人，是云，是风，是鸟，是树，是高山，是大海，是花朵，是树木，是一切，始于自然，同于自然。奇异的境界产生了：从人出发，一草一木，一山一水，像是从人的心中生长出来的；从物出发，此时此刻，此人此身，又像是从一草一木、一山一水中生长出来，分不出人与物，物与人。此时的人，进入了天地境界。

如果承认自然是人类精神的康复之地，那么，重建人的自然感性，就为人打开了通向这块康复之地的通道。

自然感性的重建给人带来的不仅是对自然的审美视域打开了，更宽阔，更深入，不仅是能够以物观物，“像山那样思考”，最根本的是在人与自然之间建立了整体性，赋予人以新的生命精神。这种人与自然的整体性，不仅对个体起作用，并通过个体对整个人类社会起作用。个体—人类社会—自然，构建起一个整体的时候，这个整体就自足，其中的每一个都相互依存，又相互生发，并将运行下去。

印度吠檀多哲学家史瓦密·维韦卡南的一段话颇能见出这种整体性生存对人的重要性：

> “一个人要是见到了这个宇宙中的统一性，生命的这个统一性，万物的统一性，哪里还会有什么痛苦呢？……人与人，男与女，成人与儿童，国与国，地球与月亮，月亮与太阳等等之间的隔离，原子与原子之间的隔离，确是一切痛苦的原因。吠檀多哲学说，这种隔离并不存在，并不真实。它

只是外观、表面的现象。事物的内部还是统一的。如果你深入内部，你会看到，人与人，妇女与儿童，种族与种族，高与低，贫与富，神与人之间都是统一的。一切都是一，如果你更深入，兽类也是这样。一个人到达了这个境地，就不再有迷误了。"①

是的，人若不再迷误于物质的引诱，不再迷误于权力的引诱，也不再迷误于荣誉、称号、地位的引诱，靠近自然，人就不再孤独，不再没有依托，不再没有乐园。做一个自然之子，嬉戏在自然中，是人类的命运。若是在自然中不见自然，不能感觉自然，那是人类在自然中失去了自然，是在生命中失去了生命，人类将成为一个空虚的影子，欲哭无泪。

让我们敬畏自然吧，自然是一个大生命，比人类更强大，融入它的生命，将为人类的生命注入无尽的活力。投身大自然的怀抱，在自然中领略自然的美丽与奥妙，领略人生的局限与欢乐。

人之道，本来就是自然之道！

---

① 转引自曹锦清：《现代西方人生哲学》，上海：学林出版社 1988 年版，第 261 页。

第一辑
大自然的祝福词

大自然的祝福词*

赞美你，
主啊，我们的神，世界的主宰，
他使世界毫无匮乏
并在世上创造
良好的生物和树木，
为使人感到愉快。
（刚看到春天的树木开花时）

赞美你，
主啊，我们的神，世界的主宰，
你的力量和全能
充满世界。
（雷鸣，地震或暴风中）

---

* 本文选自《人与自然》，狄特富尔特等编，周美琪译，殷叙彝校，北京：生活·读书·新知三联书店 1993 年版。

赞美你，

主啊，我们的神，世界的主宰，

你纪念所立之约，

忠于此约

履行诺言。

（看见虹时）

赞美你，

主啊，我们的神，世界的主宰，

在你的世界里有这些东西。

（看见美丽的树木和动物时）

和驴子一起去乐园的祈祷

弗朗西斯·雅姆*

在我应该到你那儿去的时候,啊,上帝
让那一天是一个乡村的节日,
路上尘土飞扬。我要像我在人世间
所做的,选择一条道路走向乐园,
我喜爱的路,那儿有明亮的星星照耀
如同白昼。我要拿着手杖走上大道,
然后走去,我要对我的朋友——那些驴子
说:我是弗朗西斯·雅姆,我正到乐园去,
因为在那儿,在善良的上帝的土地上,没有地狱。
我将告诉他们:蓝天的温顺的朋友们,来啊,
那些可怜而又可爱的动物,让他们的耳朵急速扇动

---

* 弗朗西斯·雅姆(1869—1938),法国诗人。代表作有《早祷和晚祷》、《诗人与鸟》等。本文选自《法国现代诗选》,罗洛译,长沙:湖南人民出版社 1983 年版。

驱赶着平庸乏味的苍蝇，争斗，和蜜蜂……

啊，让我在这些动物中间来到你的面前，
他们是我所深爱的，因为他们低着头，那样驯善，
他们静静地站着，脚挨着脚，他们
是那样的惹人怜悯，是那样的温驯。
我将到你那儿，我的后面是那些动物的成千双耳朵，
是那些驴子，他们的篮子在腰间挎着，
是那些驴子，他们拉着流浪艺人的车子，
车子上装着洋铁桶和羽毛掸子，
是那些驴子，他们背上背着凸凹不平的水桶，
是那些母驴，她们行动迟缓，像羊皮袋一样臃肿，
是那一个，他穿了一条瘦小的长裤，
他那青肿的伤口在流血，使他痛楚，
而在伤口周围是那些嗡嗡嘤嘤的固执的苍蝇。
我的上帝，让我和这些驴子一起来到你的跟前，
让天使们引导我们在安宁中前进，
带我们到草木繁茂的河边去，那儿有颤动的樱桃树，
平滑而又光洁，像少女的微笑着的肌肤。
在这灵魂的住所，让我俯身在你的
神圣的水上，我将如同那些驴子
厮守着卑贱而甜美的贫困
向着那永恒的爱——它清澈而晶莹。

康复之处——大地

尼　采*

对我、大地，保持忠诚，我的兄弟们，以你们美德的力量！你们赋予的爱和你们的知识当效劳于大地的意义！我为此而恳求你们。

别让它从地上飞走，并以翅翼碰撞永恒的墙！啊，曾经有过众多飞走的美德！

像我一样，去把飞走的美德引回大地——令其返回躯体和生命：使它赋予大地意义，一种人情的意义！

无论精神或美德，迄今已上百次飞走和搞错。啊，在我们的躯体里如今依然布满了这种疯狂和错误：躯体和意志变成了它。

---

* 尼采(1844—1900)，德国哲学家。代表作有《悲剧的诞生》、《不合时宜的思想》、《查拉斯图拉如是说》等。本文选自《人与自然》，狄特富尔特等编，周美琪译，殷叙彝校，北京：生活·读书·新知三联书店1993年版。

无论精神或美德，迄今已尝试和迷失方向数百次。是啊，人就曾经是一种试验。啊，我们的躯体上形成了许多无知和谬误。

不仅是千年之久的理性——在我们的身上也突发它的疯狂。当后代是危险的。

我们依然逐步地在与巨人“偶然性”作斗争，迄今整个人类仍受控于瞎折腾，无意义。

你们的精神和美德为大地的意义而效劳吧，我的兄弟们：一切事物将因你们而重新获得价值！因此，你们应当战斗！你们应当为此而富有创造性！

躯体因知识而洁净；它用知识进行试验而提高自己；有认识者的一切本能成圣；提高者的灵魂欢乐。

医生，救救你自己：就像你还在救病人那样。当他亲眼看见在自救的人，这就是最好的救援。

还有上千条未走过的道路；还有上千种健康和生命中隐而未现的岛屿。人和人的大地始终为取之不尽和未被发现者。

孤独者，你们要警醒并听着！有风携带着隐蔽的翅翼撞击声来自未来；灵敏的耳朵将听到喜讯。

今日的孤独者和退出者，你们当曾是一个民族：由你们自我选择者中当成长一支选民：——你们当成为超人。

确实，大地当成为康复之处！它的周围已有新的气味，一种带来吉祥的气味，——以及一种新的希望！

人与自然

爱默生*

大自然对于精神上的影响，以时间来说是最先，以地方来说是最重要。每一天，太阳；在日落之后，夜，与她的星辰。风永远吹着；草永远生长着。每一天，男人与女人，谈着话，观看着，被观看着。在一切人之间，这种形象最能吸引的就是学者，他必须在自己心里决定它的价值。在他看来，大自然是什么？这上帝的网，它那不可理解的连贯性，从来没有开始，也从来没有结束，永远是圆形的力，回到它的自身。这一点它正和他自己的心灵相像，他永远不能找到它的开始与结束——这样完全，这样无限。大自然的光彩也照得那样远，宇宙上面还有宇宙，像光线一样地放射出去，向

* 爱默生（1803—1882），美国思想家、散文家、诗人。代表作有《论自然》、《论超灵》等。本文选自《爱默生选集》，张爱玲译，广州：花城出版社 1997 年版。题目为选编者所加。

上，向下，没有中心，没有圆周——不论是聚集的或是分散的，大自然都迫切地向人的心灵表白她自己。开始分门别类了。在年轻人的心里，每一件东西都是个别的，独自站在那里。渐渐地，他知道怎样把两件东西连在一起，看出它们之间的共同性；然后三件东西，然后三千件；于是他被他自己这种联合一切的本能所支配，继续把事物拴在一起，减少不规则的现象，发现地底的树根，将相反的，遥远的事物联络起来，在同一个枝干上开花。他不久就知道，自从历史开始的时候，事实就不断地聚集和分类。然而“分类”的意义是什么？无非是看出这些事物并不是杂乱无章，彼此之间没有关系的，而是有一定的规律，这同时也是人类的心灵的规律。几何学纯粹是人类心灵的一种抽象的东西，而天文学家发现行星的移动可以用几何学来测量。化学家发现一切物质中都有比例与可以理解的法则；科学是什么呢，无非是在距离最远的事物中发现相仿、相同之点。一个志向远大的人坐下来研究每一件难以控制的事实；把一切奇异的构造与一切新势力一个一个地归入它们的种类，归纳到它们的定理中，而且永远这样下去，运用深刻的观察，将各种组织的最后一根纤维，以及大自然的外缘，都赋以生命。

于是，这天宇下的学童感觉到他和自然“本是同根生”；一个是叶子，一个是花；亲谊与同情在每一根血管里活动着。树根是什么呢？不是他的灵魂的灵魂吗？一个太大胆的设想；一个太荒唐的梦。然而，一旦这心灵的光辉帮助他发现了比较有形体的物性的规律的时候——当他知道崇拜灵魂，而且看出现有的自然哲学仅只是灵魂的巨手最初的探索的时候,这时候他将要盼望知识日益扩大,好成为一个未来的造物主。他将要看出大自然是灵魂的反面,每一部分都相呼应着。一个是图章,一个是印出来的字。它的美丽是他自己心灵的美丽,它的规律是他自己心灵的规律。因此他把大自然看成他自己的成就的测量器。他对于大自然知道得不够的程度,也就是他对他自己的心灵还掌握得不够的程度。总之,那古代的箴言"认识你自己",与现代的箴言"研究大自然",终于成为同一个格言了。

热爱自然的心声

赫·黑塞*

一朵花或路上的一只虫，比图书室所有的书，蕴含着更多的内涵。

——*Narziss und Goldmund*

大多数的人嘴上常说“喜爱自然”，那是意味着：有时不拒绝欣赏自然所提供的乐趣。到户外去，以欣赏地上美景为名践踏牧场，最后竟攀折很多的花朵、枝、桠，立即弃置于途，或是带回家中任其枯萎——他们以这样的方式喜爱自然；而星期日天气晴朗时，就想起这份爱，又一次赞许自己善良的心。

就像花有虚幻的美，黄金有不变的单调，自然界生命的一切运动，都是虚幻的美；而精神则是不变的

* 赫·黑塞（1877—1962），德国小说家、诗人，1946年获诺贝尔文学奖。代表作有《荒原狼》、《玻璃球游戏》等。本文选自《百年人文随笔》（外国卷），黎先耀、高莽主编，长春：吉林人民出版社2003年版。

单调。

不管是自己的一生或是别人的一生，经常回顾这件事，与秋天相遇合。历史的秋景，回忆也是秋情。

对我们的灵魂而言，没有比微明的刺激，更能带来收获。

从小开始，我总喜欢凝视大自然的奇形怪状。那不是观察，而是投注在其独特的魅力以及其所显示曲折的深僻言语中。长而木质的树根、有色彩石头的条纹、浮在水上油的花样、玻璃的裂缝——这些东西对我而言，有时具有很大的魅力。尤其是水、火、云、尘埃，这些闭上眼睛都看得见的有色旋涡。

"你是诗人啊！"少女说着。

我皱一下眉头。

"我说的不是这样的意思。"她继续说，"不是因为你写小说，而是因为你了解自然、爱自然的缘故。树被风吹动的沙沙声、太阳映照下的山峰，像这类的事，对别人并没什么意义，可是对你而言，其中却存在着能够与你一起生活下去的生命。"

我要写一部大杰作，告诉今日的人类，伟大而沉默的大自然之生命，并且希望他们能爱它，要人们聆听大地心脏的鼓动声，参与浑然一体的生命。在自己微不足道的命运抗争中，我们本身不是神，也并非自己所创造，而是大地和宇宙浑然之物的一部分。我要让人类想起像河川、大海、流云、山风、诗人之歌或我们每夜的梦一样，那个憧憬的象征以及责任的承担者；那个憧憬展翼于天、地之间，以拥有确切不疑的市民权和不灭性为目标，所有生命的内在核心，是确实拥有着市民权，是神的宠儿，没有任何不安而憩息在永远的怀中。与此相反的，是寄居在我们心中的所有邪恶，那是病态、堕落之物，反抗自然而相信死亡。

群山耸立空中，山谷间寂静无风，白桦树微黄的叶片从枝桠间滑落，小鸟结队掠晴空。这些情景对我而言，总是不可思议、难以理解，比日常的或人类的所有问题和行为，更令人觉得迷惑。只要看到这些景象，被永远之谜轻易掌握深以为耻的人心，或在叙述平常难以说明之事时的傲慢态度，都会予以舍弃，而且不是屈服于它的神奇，而是以感谢万物之心接受，谦虚而荣耀地自觉是世界的游客。

山、湖、山风和太阳都是我的朋友，教导、告诉我各种事物。长久以来，不但喜欢人类的命运，也已极其熟悉。但比起辉耀的湖光、悲凉的银松、日光映照的山岩，我较喜欢浮云。

在此广大的世界上，有比我更了解云或比我更爱云的人，希望能一睹芳采。或者，在此世界上，有比云更美的东西，希望能展现给我看，云的游戏是眼睛的安慰，祝福是神的赐物，生气是死的力量。

云也可形成幸福的岛形、祝福天使的身姿；也和威胁的手相似，或像飘扬的帆、飞渡天空的鹤。云处于神住的天和凄凉的大地间，而隶属于天、地，被比喻为所有人类的憧憬。大地之梦，想和洗净污浊之心的天相配合；云是所有的漂泊和探取、欲求和乡愁的永远象征。就好像云在地和天之间游移徘徊，人类的灵魂也在有限和永远之间游移徘徊。

我站在山冈上眺望浮云，白云悠悠，有的迅速飘过来，有的如泅泳，有的舞姿曼妙，简直就像奇迹一样。或许是神的口中吐出的言语或歌曲，还是抚慰人心的笑语，而云向往着遥远的世界，在冷冽微蓝的天空飘荡而行。那比书本所记载的任何歌谣，还要美还要动人。

看吧！在天空描绘条纹花样的云彩，在第一眼看到时，总会认为最黑暗的地方是最深的地方。但那黑暗而柔软之处完全是云，宇宙的真正深度从云脉的边缘和弯曲之处开始，沉入无限之中。我们立刻可以发觉，其中有许多星辰对我们人类而言，是澄澈和秩序的最高象征，正严肃地辉耀着。世界和其秘密的深度，不在云的黑影之处，而在澄明之处有其深度。

更能深深地触动我的心的是树木的丰姿。我看到每棵树都过着孤独的生活，都形成独自的形态，映照着独特的影子。他们是与山有密切关系的隐士和战士。因为任何一棵树，尤其是山上的树，为了生存生长，必须和风、天候、岩石作沉静的长期苦战。每棵树都紧紧支撑自己的体重，因此才有独自的形体，承受独特的伤痕。其中有些银松被风侵袭，只有一侧生长树枝。有的树干像蛇一般纠缠在突出的碉石周围和岩石相互紧抱支撑。它们像战士般凝视着我，唤起我畏惧和崇敬之心。

树对我而言，是叫我最感谢的说教者。我在为形成国家或家族及培育森林而活时，尊敬树，但一个人独处时，更尊敬树。树像孤高的人，它不是懦弱逃世的隐遁者，而是像贝多芬或尼采那样伟大孤立的人；在那树梢中，世界沙沙作响，而根柢则憩息在无限之中。但树不会在当中迷失自我，不只如此，还以生命所有的力量，以实现寄寓在自我本身的法则，完成自己本来的身姿。那么美丽坚强的树，只有神圣足以规范。

树是神圣之物。懂得和树交谈、听树呢喃的人，就了解真理。树不谈论教义或处方，也不受个别事件所掌握，只谈论生的根本法则。

在我悲痛欲绝时，树大概会对我们这么说：

“冷静吧！看看我，生存虽不轻松，但也不是很困难。你那种想法是幼稚的。你可以向你心中之神倾诉，如此，那样的想法就会沉默下来。你是否正担心你的路途远离母亲和故乡？但我正一步一步、一天一天再次把你带回母亲的身边。故乡不在那里，而是在你心中，除此之外，不存在任何地方。”

在河川的秘密之中，他今日仅知一种，它紧握住他的灵魂。他所看到的是流动不绝的水，而且常在那里，不管什么时候一样存在着，并且时时更新。

我爱任何东西，更何况是这条河。有时我倾听它，有时看那只眼睛看得出神，而且总是向它学习，从河川中学到各种事物。

在蝶类之中，有种蛾雌的比雄的少很多。你现在如果抓到一只这种雌蛾，一到夜晚，雄蛾就会飞到雌蛾的地方来，而且是从需要飞行数小时的地方而来。请想想看，是从那么远的地方来的哟！所有的雄蛾，在数公里外之处，都可嗅到那只雌蛾的气味。另想试着用各种方式来说明，却相当困难。在自然界中，到处都有这类的事物，并且任何人都无法说清楚。

我看到森林，想到买它、砍伐它。在森林打猎或抵押森林借钱时，所看到的不是森林，而只是我的企图、计划、考虑、钱包等和森林之间的关系。此时，森林只是由树木而生，有年轻的、年老的、元气旺盛的及柔弱的。但当我对森林不拒绝任何希望时，“思想没有妨碍”所看到的是绿色的殿堂。此时开始，森林是森林、是自然、是生存之姿，是美丽的存在。

我越发贪婪地窥探事物的深奥处，聆听风吹叶动的复杂声音，倾听滑落山峡的溪流声，静听沉静的大河悠然地流过平野。我知道这些声音是神的言语，如能了解这个隐晦、具有原始美的言语，就可再次发现乐园。这样的事，书上几乎没有记载，只有圣经可以看到被造物的“难以言喻之叹息”这类可惊叹的言语。但我认为，不管任何时代，总有和我相同的人，醉心于此不可理解之物，而放弃了日常的工作，以寻求静寂的生活，专心倾听创造之歌、观察云的飘浮，怀着无尽的憧憬，把祈祷之手伸向永恒。这些人大致上是隐士、赎罪者和圣人。

农夫的生活虽充满勤勉和劳苦，但那里没有焦躁，也没有本来的受苦，因为生活的根本是虔敬，是对隐藏于地、水、空气中的神性，亦即对四季、植物、动物生命的信赖。

从以前起，只以大地和大地的动植物为对象的人，一向培养不出处世的能力。遗憾的是，就是现在在梦中，也觉得自己爱恋着纯动物性的生活，这是毫不混淆的证明。亦即，我经常梦到自己变成了动物，随意躺在海滨，大都化身为海豹，而且有说不出的愉快。当梦醒后，一点也不觉得快乐、骄傲，只有悲哀。

我所熟知、被不安攫住的灵魂啊！你不一定回到生长的故乡，而且你没有食物、饮料，也欠缺睡眠。在这里，只有环围你的海浪声。你是波浪也是森林，没有内外之分。你化身为鸟在空中飞翔，变幻为鱼在海里泗泳；你吸收光亮，同时也是光的本身；品尝黑暗，同时也是黑暗的自己。

生活在大自然的怀抱里

卢　梭*

为了到花园里看日出，我比太阳起得更早；如果这是一个晴天，我最殷切的期望是不要有信件或来访扰乱这一天的清宁。我用上午的时间做各种杂事。每件事都是我乐意完成的，因为这都不是非立即处理不可的急事，然后我匆忙用膳，为的是躲避那些不受欢迎的来访者，并且使自己有一个充裕的下午。即使最炎热的日子，在中午一时前我就顶着烈日带着芳夏特①出发了。由于担心不速之客会使我不能脱身，我加紧了步伐。可是，一旦绕过一个拐角，我觉得自己得救了，就激动而愉快地松了口气，自言自语说："今天下午我

---

* 卢梭(1712—1778)，法国启蒙思想家和文学家，19 世纪欧洲浪漫主义文学的先驱。著名作品有《新爱洛绮丝》、《民约论》、《爱弥儿》、《忏悔录》等。本文选自《外国散文经典 100 篇》，苏福忠选编，沈琪译，北京：人民文学出版社 2003 年版。

① 芳夏特：卢梭养的一条狗。

是自己的主宰了!”从此,我迈着平静的步伐,到树林中去寻觅一个荒野的角落,一个人迹不至因而没有任何奴役和统治印记的荒野的角落,一个我相信在我之前从未有人到过的幽静的角落,那儿不会有令人厌恶的第三者跑来横隔在大自然和我之间。那儿,大自然在我眼前展开一幅永远清新的华丽的图景。金色的燃料木、紫红的欧石南非常繁茂,给我深刻的印象,使我欣悦;我头上树木的宏伟、我四周灌木的纤丽、我脚下花草的惊人的纷繁使我目不暇接,不知道应该观赏还是赞叹;这么多美好的东西争相吸引我的注意力,使我眼花缭乱,使我在每件东西面前流连,从而助长我懒惰和爱空想的习气,使我常常想:“不,全身辉煌的所罗门也无法同它们当中任何一个相比。”

我的想象不会让如此美好的土地长久渺无人烟。我按自己的意愿在那儿立即安排了居民,我把舆论、偏见和所有虚假的感情远远驱走,使那些配享受如此佳境的人迁进这大自然的乐园。我将把他们组成一个亲切的社会,而我相信自己并非其中不相称的成员。我按照自己的喜好建造一个黄金的世纪,并用那些我经历过的给我留下甜美记忆的情景和我的心灵还在憧憬的情境充实这美好的生活,我多么神往人类真正的快乐,如此甜美、如此纯洁、但如今已经远离人类的快乐。甚至每当念及此,我的眼泪就夺眶而出!啊!这个时刻,如果有关巴黎、我的世纪、我这个作家的卑微的虚荣心的念头来扰乱我的遐想,我就怀着无比的轻蔑立即将它们赶走,使我能够专心陶醉于这些充溢我心灵的美妙的感情!然而,在遐想中,我承认,我幻想的虚无有时会突然使我的心灵感到痛苦。甚至即使我所有的梦想变成现实,我也不会感到满足:我还会有新的梦想、新的期望、新的憧憬。我觉得我身上有一种没有什么东西能够填满的无法解释的空虚,有一种虽然我无法阐明、但我感到需要的对某种其他快乐的向往。然而,先生,甚至这种向往也是一种快乐,因为我从而充满一种强烈的感情和一种迷人的感伤——而这都是我不愿意舍弃的东西。

我立即将我的思想从低处升高,转向自然界所有的生命,转向事物普遍的体系,转向主宰一切的不可思议的上帝。此刻我的心灵迷失在大千世界里,我停止思维,我停止冥想,我停止哲学的推理;我怀着快感,感到肩负着宇宙的重压,我陶醉于这些伟大观念的混杂,我喜欢任由我的想象在空间驰骋;我禁锢在生命的疆界内的心灵感到这儿过分狭窄,我在天地间感到窒息,我希望投身到一个无限的世界中去。我相信,如果我能够洞悉大自然所有的奥秘,我也许不会体会这种令人惊异的心醉神迷,而处在一种没有那么甜美的状态里;我的心灵所沉湎的这种出神入化的佳境使我在亢奋激动中有时高声呼唤:"啊,伟大的上帝呀!啊,伟大的上帝呀!"但除此之外,我不能讲出也不能思考任何别的东西。遗忘,但他们肯定不会把我忘却;不过,这又有什么关系?反正他们没有任何办法来搅乱我的安宁。摆脱了纷繁的社会生活所形成的种种尘世的情欲,我的灵魂就经常神游于这一氛围之上,提前跟天使们亲切交谈,并希望不久就将进入这一行列。我知道,人们将竭力避免把这样一处甘美的退隐之所交还给我，他们早就不愿让我呆在那里。但是他们却阻止不了我每天振想象之翼飞到那里，一连几个小时重尝我住在那里时的喜悦。我还可以做一件更美妙的事，那就是我可以尽情想象。假如我设想我现在就在岛上，我不是同样可以遐想吗？我甚至还可以更进一步，在抽象的、单调的遐想的魅力之外，再添上一些可爱的形象，使得这一遐想更为生动活泼。在我心醉神迷时这些形象所代表的究竟是什么，连我的感官也时常是不甚清楚的；现在遐想越来越深入，它们也就被勾画得越来越清晰了。跟我当年真在那里时相比，我现在时常是更融洽地生活在这些形象之中，心情也更加舒畅。不幸的是，随着想象力的衰退，这些形象也就越来越难以映上脑际，而且也不能长时间地停留。唉！正当一个人开始摆脱他的躯壳时，他的视线却被他的躯壳阻挡得最厉害！

生活！大千世界的生活！我幸福地栖居于你之中

荷尔德林*

胸怀无忧无虑地微睡，
休息了严肃的思绪。
我从草地来，在那里草从根上
新鲜得像泉水，
在我眼前抽芽；
花朵向我开启可爱的唇，
对我呵出甜蜜的气息。
在小树林的千枝万条上，
红色的花朵如燃烧的蜡烛，

---

* 荷尔德林（1770—1843），德国诗人。代表作有《返乡——致亲人》、《如当节日的时候……》、《追忆》等。本文选自《有为与无为》，迪特马尔·米特等编，周懋庸等译，北京：生活·读书·新知三联书店1996年版。

是生命的火花向我闪烁。
在那阳光照耀下的泉水里，
喜悦的鱼儿在游动，
燕子领着它笨拙的孩子
围巢飞舞，
蝴蝶和蜜蜂快快乐乐，
我漫游于它们的愉悦中。
我站在祥和的田野上，
像一棵老榆树，
生活的甜蜜游戏，
像葡萄枝蔓和葡萄，
对我环旋缠绕。
我或是上山眺望，
那山把云层当作自己
头顶的花环，
而山的黑色卷发在风中飘动。
当山把我托在他有力的双肩，
当轻柔的气息迷醉了我的思绪，
无尽的山谷像一片彩云
匍匐在我脚下，
我变成雄鹰，摆脱了大地，
我的生命像漂泊者
在自然天宇中变换住所。
而小径却把我引回人间，
从远处就看见城市闪光，
像反抗雷神和人类权力
锻造出来的金属甲胄，

雄伟威严，高高在上，
四周环伏着小小村庄；
晚霞映红了屋顶，
亲切的家园炊烟
在细心地用篱笆围起来的
花园上迷漫，
犁在分割开的田地上休憩。

但破碎的石柱伸向月光，
寺庙的大门曾见过灾难，
就是那在大地之腹、
人之胸中酝酿、发怒的
暴烈不安的秘密之神，
那不被征服者，
那旧日的胜利者，
他毁掉城市像撕碎羊羔，
他一度冲上奥林匹斯山
抛出火苗，
根绝森林便渡海而去，
船队翻沉便进入永恒，
你的律法牌从不使你出错，
没有一个音节模糊不清，
暴烈不安之神也是你的儿子，
呵，大自然，
它和安宁之神原是一母所生。

在我的家，
绿树把窗儿围绕，

空气和光线和我嬉戏，
从一片绿叶上可读到
有关人类生活的幸福结局：
生活！大千世界的生活！
你在那里像一片
圣洁的森林，
我会说，
谁会拿起斧子把你平整，
我愿幸福地居栖于你之中。

第二辑
四 季 生 活

四季生活

谢·沃罗宁*

每当清晨，我拉起用木条制成的黄色百叶窗时，都能看见她。她高耸、挺拔，永远伫立在我窗前。秋夜，她消融在幽暗之中，不见了；而你若相信奇迹，便会以为她走到别的地方去了，因为不见了。但刚一露出曙光，白昼的一切尚在酣睡，隐约感到清晨的气息时，她又已出现在原处了。

我凝视着她，不禁萌生出奇思异想。她想必有自己的生活吧。又有谁知道，如果苍天赋予我认识大自然全部完美的感官，也许我眼前会展现出一个神奇的世界。这个世界具有一切生物所固有的伟大的和渺小的感情，这些感情人是无法理喻的。然而我仅有五种

---

* 谢·沃罗宁（1913— ），苏联著名作家。代表作有《老家》。本文选自《外国散文经典100篇》，苏福忠选编，曹世文译，北京：人民文学出版社2003年版。

感官，况且由于人类历尽沧桑，这些感官已不那么灵敏了。

而她生机勃勃！她日益茁壮，逐年增高。如今我得略微抬头，才能从窗口看见她那清风般轻盈的、透亮的树梢。可十年前半个窗框便能把她容纳下。

春

她的枝条刚刚摆脱漫长的严冬，还很脆硬，犹如加热过度的金属。春风吹过，枝条叮当作响。鸟儿还没在枝叶浓密的枝头筑巢。然而她已苏醒。这是一天清晨我才知道的。

邻居走到她跟前，用长钻头在她的树干上钻了个深孔，把一根不锈钢的小槽插进孔中，以便从槽中滴出浆汁。果然，浆汁滴了出来，像泪珠那样晶莹，像虚无那样明净。

"这并不是您的白桦。"我对邻居说。

"可也不是您的。"他回敬我。

是啊，她长在我的围墙外。她不是我的。但也不是他的。她是公共的，确切些说，她谁的也不是，所以他可以损害她，而我却无法对他加以禁止。

他从罐子里把白桦树透明的血液倒进小玻璃杯里，一小口一小口把它喝干。

"我需要树汁，"他说，"里面有葡萄糖。"

他回家去了，在树旁留下一个三公升的罐子，以便收集葡萄糖。树汁像从没有关紧的龙头里一滴一滴地迅速流下来。既然流出这么多树汁，那么他破坏了多少毛细管哟？……她也许在呻吟？她也许在为自己的生命担忧？我不得而知，因为我既没有第六感觉，也没有第七感觉，更没有第一百感觉、第一千感觉。我只能对她怜悯而已……

然而，一个星期后，伤口上长出一个褐色的疤。她自己治好了伤口。恰恰这时她身上的一颗颗苞芽鼓胀起来，从苞芽里绽出嫩绿的新叶，成千成万的新叶。目睹这些浅绿色的雾霭，我心里充满喜悦。我少不了她这棵白桦树。我对她习惯了。我对她永远伫立在我的窗前已经习惯了；而且在这不渝的忠诚和习惯中，蕴蓄着一种令我精神振奋的东西。的确我少不了她，尽管她根本不需要我。没有我，就像没有任何类似我的人一样，她照样生活得很好。

夏

她保护着我。我的住宅离大路一百米左右。大路上行驶着各种车辆：货车，小轿车，公共汽车，推土机，自卸卡车，拖拉机。车辆成千上万，来回穿梭。还有灰尘。路上的灰尘多大啊！灰尘飞向我的住宅，假若没有她，这棵白桦树，会有多少灰尘钻进窗户，落到桌子上，被褥上，飞进肺里啊。她把全部灰尘吸附在自己身上了。

夏日里，她绿荫如盖。一阵轻风拂过，它便婆娑起舞。她的叶片浓密，连阳光也无法照进我的窗户。但夏季屋里恰好不需要阳光。沁人心脾的阴凉比灼热的阳光强百倍。然而，白桦树却整个儿沐浴在阳光里。

她的簇簇绿叶闪闪发亮，苍翠欲滴，枝条茁壮生长，越发刚劲有力。

六月里没有下过一场雨，连杂草都开始枯黄。然而，她显然已为自己贮存了以备不时之需的水分，所以丝毫不遭干旱之苦。她的叶片还是那样富有弹性和光泽，不过长大了，叶片滚圆，而不再是锯齿形状，像春天那样了。

之后，雷电交加，整日在我的住宅附近盘旋，越来越阴沉，沉闷地——犹如在自己身体里——发出隆隆轰鸣，入暮时分，终于爆发了。正值白夜季节。风仿佛只想试探一下——这白桦树多结实？多坚强？白桦树并不畏惧，但好像因灾难临头而感到焦灼，她抖动着叶片，作为回答。于是大风像一头狂怒的公牛，骤然呼啸起来，向她扑去，猛击她的躯干。她蓦地摇晃了一下，为了更易于站稳脚跟，把叶片随风往后仰，于是树枝宛如千百股绿色细流，从她身上流下。电光闪闪，雷声隆隆。狂风停息了。滂沱大雨从天而降。这时，白桦树顺着躯干垂下了所有的枝条，无数股细流从树枝上流下，像从下垂的手臂流到地上。她懂得应该如何行动，才能岿然不动，确保生命无虞。

七月末，她把黄色的小飞机撒遍了自己周围的大地。无论是否刮风，她把小飞机抛向四面八方，尽可能抛得离自己远些，以免她那粗大的树冠妨碍它们吸收更多的阳光和雨露，使它们长成茁壮的幼苗。是啊，她与我们不同，有自己的规矩。她不把自己的儿女拴在身旁，所以她能永葆青春。

那年，田野里，草场上，山谷中，长出了许多幼小的白桦树。唯独大路上没有。

若问大地上什么最不幸，那便是道路了。道路上寸草不生，而且永远不会长出任何东西来。哪里是道路，哪里便是不毛之地。

秋

太阳躲开我的住宅，也躲开白桦树。树叶立刻开始发黄，而且越来越黄，仿佛在苦苦哀求太阳归来。但太阳总是不露面。瓦灰色的浮云好似令人焦虑的战争的硝烟，向天宇铺天盖地涌来，又如巨浪相逐，遮蔽了一切。云片飞得很低，险些儿触及电视天线。下起了绵绵秋雨。雨水淅沥淅沥地下着，从一根树枝滴落到另一根树枝上。霪雨不舍昼夜，一切都变得湿漉漉的了，土地不再吸收雨水，或者是所有的植物都不再需要水分了吧。

夜里，我醒来了。屋里多么黑暗，多么寂静啊！……只听见雨珠从树枝上滴下时发出的簌簌声。萧瑟而连绵不绝的秋雨的簌簌声好生凄凉啊。我起了床，抽起烟来，推开窗户，于是看见了她那在秋日的昏暗中依稀可辨的身影。她赤身露体，任凭风吹雨打。翌日清晨，寒霜突然降临。随之又是几度霜冻，于是白桦树四周铺上了一圈黄叶。这一些全都是发生在寒雾中。然而，当树叶落尽，太阳露出脸来时，处处充满忧郁气氛，尤其是在她周围，因为就在不久前，这里还是青翠葱茏，一切都光艳照人，欣欣向荣。过去，一切都是这样美不胜收，朝气勃勃，如今却突然消失了。将要下起蒙蒙细雨来，树叶将要腐烂发黑，僵硬的树枝将要在冷风中瑟缩，水洼将要结冰。鸟儿将要飞走。死寂的黑夜将要拖得很长。在冬季里它将会更加漫长。暴风雪将要怒吼。严寒将要肆虐……

冬

我离开家了。我不能留在那里，为不久前还使我欣喜和对生活充满信心的事物的消亡而苦恼。我搭机飞向南方。到了辛菲罗波尔之后，我便改乘出租汽车了，我又惊又喜地仔细观看温暖的南国的苍翠。一见黑海，我便悄声笑了。

浩淼、温暖的海。我潜进水里，向海底，向绿色的礁石游去。我喝酸葡萄酒，吃葡萄，精疲力竭地躺在暖烘烘的沙滩上，眺望大海，观看老是饥肠辘辘，为了一块面包而聒噪的海鸥。接着我又游进温暖的海水，攀上波峰，滑下浪谷，又攀上去。我又喝酸葡萄酒，吃烤羊肉，钻进暖烘烘的沙子里。在我身边的也是像我一样从自己的家园跑到这片乐土来的人们。大伙儿欢笑啊，嬉戏啊，在海滩上寻找斑斓的彩石，尽量不想家里发生的事情。这样会更轻松、更舒坦些。但要抛弃家园是办不到的，就像无法抛弃自己一样。

于是我回家了。四周一片冰天雪地。她也兀立在雪堆里。我不在时，刺骨的严寒逞凶肆虐，把她的躯干撕破了。撕裂得虽不严重，但落上一层雪的白韧皮映进我的眼帘。我抚摸了一下她的躯干。她的树皮干瘪、粗糙。这是辛勤劳作的树皮，同南方的什么“不知羞耻树”的树皮迥然不同。这里，一切都是为了同霪雨、暴雪、狂风搏斗。所以，像平时见到她时那样，我又萌生出各种奇思异想。我暗自忖度：你看哪，她不离开故土，不抛弃哺育自己和自己的儿女的严峻的土地。她没有离去，而只是把自己的苞芽藏得更严实，裹得更紧，使它们免遭严寒的摧残，开春时迸发出新叶，然后培育出种子，把它们奉献给大地，使生命万古长存，永葆青春。是啊，她有自己的职责，而且忠诚不渝地履行这些职责，就像永远必须做那些为了生存下去而必须做的事情一样。

北风劲吹。像骨头似的硬邦邦的树枝互相碰撞，劈啪作响。刮北风的时间一向很长，一刮就是一个星期，两个星期。这一来，一切生物都得倍加小心，更何况天气严寒呢。好在我的住宅多少保护着她。但她毕竟还要挨冷受冻啊。严寒要持续很长时间，以致许多羸弱的生命活不到来年开春。但她能活到这个季节。她挺得住，而且年复一年地屹立在我的窗前……

早春的花朵

圆地文子*

早春的花朵

到做七草粥的正月初七前后为止，由于充满春节气氛，大街小巷自然是色彩缤纷热热闹闹地闹了一通，自从撤掉为庆祝春节而装饰在门口的松枝起，也开始变得有些苍白枯燥了，唯有严寒仍在不分青红皂白地浸入每一个人的心里。花店橱窗里那些黄腊梅和水仙、香雪兰、红白梅花等开始吐出芳香，也正是在这个时候。

早春的花朵具有一种静悄悄地沁人心脾般的庄重派头，那些花仿佛彼此早有约定似的发出浓郁的芳香

---

* 圆地文子(1905—1986)，日本当代作家、戏剧家。代表作有《饥饿的岁月》、《女人坡》、《妖》、《女面》、《东京的土》、《受伤的翅膀》、《虹与修罗》、《逝之魂》等。本文选自《日本经典散文》，高慧勤主编，赵德远译，上海：上海文艺出版社 2004 年版。

气息，而且，这种气息并不像从春天开到夏天的花朵那样同时带有类似水果般的甘美味道。

假如用女人的美丽程度来作比喻的话，春夏之交的花朵都带有几分娼妇型的浓艳，而梅花和水仙则令人联想到清秀高雅的美人。

在常绿树叶已全部发黑的灰色天空下，冒着凛冽严寒绽放的花朵，在其生命里，尽管颜色并不那么鲜艳，却也迸发出浓浓的清香。还有那些乍看仿佛已干枯的落叶树上的所有枝条，上面也顽强地长出了令人明显感到春意的小小嫩芽。面对这一现象，也让人高兴得心头怦怦乱跳。

庭院里的冻土因下了一层厚厚的霜而竖起了类似小毛毛刺样的冰花，我走到下面的冻土地面上，试着碰了碰水杨、棠棣和牡丹那又黑又细的主茎和小枝杈，结果却对在这种节气里发出微带鲜红颜色的硬米粒般的小小苞芽的英勇气概不得不感到难能可贵、忠诚可靠了。

雪莱的《西风赋》里有一句话说："冬天已经来了，春天还会远吗?"尽管这句话已十分出名并广为传诵，但当人们真的把它从口里说出来时，那种实际感受却任何时候都是新鲜的，新鲜到不可思议的程度。而且还有，倘若没有这种实际感受，我们难道还能坚强地活到最终死去的那一天吗？早春微微吐出的嫩芽实在是太好啦！在早春清澈透明的天地里吐出芳香的花朵实在是太可贵啦！在寒冷的风雪之中，我口里哈着白气为早春唱一曲颂歌。

四月的鲜花

在西方,把四月一日叫作愚人节,规定在这一天里可以随便愚弄人。虽然不清楚它的由来,但在四月这一个月里,确实有那么一种令人大惊失色且又令人很想大笑不已的胡乱折腾的热闹劲头,这是不容争议的。

冬季里恋恋不肯离去的寒冷好不容易画上了句号,迄今一直在闷着头孕育萌生嫩芽的万绿丛中,各式各样的花朵几乎同时欢呼雀跃地一展身姿,大地上顿时为一片鲜艳夺目的美丽色彩陷入混乱之中。

樱花正是日本四月的象征。如白云般开放,似雪花般飘散,空间广阔,速度神速。在此樱花花开花落期间,人们的心全都无法平静,仿佛只一味在歌颂春天,春天,春天!

樱花散过之后,好不容易刚喘了一口气,接踵而来的便是懒慵慵的真正春天的那种浓烈的恼人气息。落花后的庭院里,霏霏细雨无声无息地降落到地面上,积水中七零八落地漂浮着褪了色的樱花蕊心,望着这一情景,不禁令人感到犹如目睹了刚生过头胎后的美女的衰老面容。芜村的俳句里有这么一句:

春天已逝去,
沉重琵琶适弹起,
心若抱琴女。

这首俳句将美丽晚春的倦怠情绪尽情表达出来,实在是妙不可言。在一场空欢喜中显得绚丽多姿的春天，终于在一片恋恋不舍之中带着满腔诉说不尽的悲哀向初夏移步走去。

这种季节的变化也被微妙而又敏感地编织进了我们的生活之中。让我们拒绝晚春颓废情绪的侵蚀，在一片光明之中心怀每天都会变得更绿的嫩叶走向未来吧！

芒　草

我是在东京长大的，因此，小时候根本无法接触到大自然的美，这已成了记忆中的缺憾，至今还残留在脑海里。提起上野和向岛的赏花季节也是如此，其实在樱花时节的东京，天空总是混浊不清充满尘埃，在正中午看到的樱花颜色也是越接近盛开越变得浅淡，在孩子的眼里并不显得美。

我家就在上野动物园跟前，因此放学回家时就经常从上野的山上穿过来。但每年春天只有当樱花开满枝头再开始飘落前后，傍晚从公园穿过时才觉得最美。盛开的樱花在傍晚的微暗之中全部呈现出一片雪白，上面已不见红色而略带一丝紫色。

花瓣从那些樱树枝梢上像水滴一样无声无息地飘落下来。

记得吉井勇氏年轻时的和歌里有一首写道：

> 春来樱花挂满枝，
> 每逢落日皆变紫；
> 此景只应天上有，
> 犹忆命名“黄昏时”。

在阳春三月的傍晚，漫步在上野的樱花树下，真仿佛置身在紫色的云海之中，年轻人的心房里便不禁涌出一种罗曼蒂克式的感伤情怀。

在都市里感受到的自然美只有这么一点点尚保存在脑海里，而置身在房屋鳞次栉比的街道上，面对川流不息、令人眼花缭乱的过往行人，我接触到的人工美，换句话说，接触到的艺术美，远远超过了自然原始美不知多少倍。

美术、文学、戏剧、音乐，碰到这些领域的优秀作品的机会，大概也远比在地方上要多得多吧！然而，我却认为，在接触生动真实的自然美和活生生的人间美方面，对于要达到充分提高朴素的感受能力这一目的来说，在都市里送走童年的生活，相比之下是更为不幸的。尽管都市出生的艺术家企望回归自然的努力是人性的一种表现，但却同时伴有相当强烈的逆反作用。

在大自然中使自己获得休养生息的喜悦，与接触美好艺术的喜悦是一模一样的，我开始有这种感受已是过了三十岁之后的事了。

当时，我已在信州的轻井泽有了一座类似小木屋般的狭窄的家，每到夏天必定要在那座可以望见浅间山脉的高原上度过一两个月。

自从能到轻井泽去以后，最令我高兴的事，莫过于花草的丰富多彩了。在幼时朦胧的记忆里，记得有一次曾坐登山竹轿上过伊香保的榛名山，途中经过叫什么“美野”、“平坦”名字的山路，一路上摘了许多秋天的花草，其中有桔梗、红瞿麦、黄花龙芽等，手里都拿不住了。当时的那股高兴劲简直像在做梦一样，在后来的都市生活里几乎被当成了神话故事中的仙境，好几年后还在梦寐以求。然而，待来到轻井泽后才发现，自己家周围的草原上也长满了蓟草、黄花龙芽、山萝卜、玉球花等花草，全都在毫不吝惜地竞相开放着，立时感到心里长时间的渴求一下子就得到了满足。浅间山也是一座十分美丽的山，甚至觉得跟富士山不相上下。呆在这座高原上，可以在任何时候都是一尘不染的清新的大气之中仰望这座山脉，因此才能愈发清晰地一睹其俊秀的容姿。

浅间山顶上总有一团直冲云霄的淡淡的烟雾，那烟柱也显得很美，宛如优秀人物额头上挥不去抹不掉的睿智的忧伤一般。

在东京总是为杂事缠得晕头转向，在离开家门之前总有诸多烦扰，心里总是带着后顾之忧往山里赶路，但当你投入淡绿色和清新凉爽的大地的怀抱，并在高原上的家里从容落座之后，你就会真真正正地像进入浴池消除疲劳时的感觉一样，浑身都得到了放松，由都市生活带来的各种酸疼也随之消失。这时我才觉得仿佛深有体会地明白了一件事，那就是西方人在安排一年的生活计划时，每年都必定要加进几周时间去过一段田园生活或高原生活，这并不是去游山玩水，而是在追求真正意义上的休养生息。

从八月中旬左右开始，夹杂在秋草中的芒草开始在繁茂生长的叶片之间露出它略带红颜色的毛毛穗子，满山遍野白茫茫的，到处都有它的身影，把高原的秋天装点得愈发肃杀、美丽。

临近九月末尾前后，有一次，快到傍晚时分，我曾骑自行车跑过那条往右可以看到孤山包的大路。避暑的客人已经几乎走光了,因此这条由火山灰形成的松软路面上根本没有一个人影,那座孤山包左肩头处还映着西下的阳光,看上去好似在燃烧一般。而且那光线并不闪闪发亮,迷迷濛濛地笼罩着一层彩虹般的极细微的水蒸气,被染成了无以言喻的深红颜色的雾霭。这幅图景,一言以蔽之,看上去仿佛整座山都沉醉了,这种美丽的沉醉把山脚下芒草草原上的白茫茫的芒草穗子也都染成了同样的光泽。

陷入沉醉状态的芒草穗子,被西风吹得齐刷刷地倒向一边,几分钟后肯定将沉进一片灰色之中,这种命中注定般的美以根本无法表达的方式深深地浸入了肌肤。我至今还记得,面对那种过度的美,自己曾热泪盈眶,不禁有一种悲怆之情涌上心头。

回首山脚莽荒原,
但见草叶倒一边;
山何萧索木抖动,
不尽秋风下坡前。

我很爱咏诵藤原定家的这首和歌。但与这首和歌所表达的秋风肃杀的旨趣相比,在轻井泽见到的秋天日暮时分的某一时刻的芒草草原的美,却更充满了甘甜美妙的悲伤,不禁使人产生一种不可思议的心绪,仿佛整个躯体都变得透明了一般。

撒哈拉之夏(节选)

弗洛芒坦*

1853年6月

天气好极了。温度急剧上升,但没有使我泄气,反而更加激起我的兴致。一周以来,万里晴空没有出现任何云彩。天色蓝得既炽热又干燥,让人联想到长期的干旱。固定的东风几乎像空气一样热烘烘的,早晚间隔着刮过来,但总是很弱,似乎仅仅为了棕榈叶丛能保持一种轻微的摆动,如同印度的布风扇①一样。每个人都早已换上轻衣薄衫,戴着宽檐帽;大家只求生活在阴影下。我却下不了决心午睡,否则会为了安逸而碌碌无为地浪费一天中最美好的时光,因为我的卧室

---

* 弗洛芒坦(1820—1876),法国小说家,散文家。代表作有《多米尼克》、《撒哈拉之夏》、《往昔的大师》等。本文选自《法国经典散文》,郑克鲁主编,金志平译,上海:上海文艺出版社2004年版。

① 布风扇:指印度的一种吊在天花板上用绳拉动的布风扇。

肯定是我在这儿常呆的地方里最乏味的;这出于种种理由,等到有天晚上我除了发牢骚没有更好的事可干时再给你解释。总之,不管周围的人们怎么劝我在阴处舒适休息,我还是拒绝听从,继续我行我素,与蜥蜴一起生活在沙漠里,登上高地,或者大中午跑遍全城。

撒哈拉人热爱他们的家乡;就我这方面来说,我倾向于赞赏一种如此热烈的感情,尤其由于其中交织着对乡土的眷恋。相反,那些异乡人、北方人把这个地区视为可怕之极,认为在这儿即使不热死、渴死,也会患思乡病而死。某些人看到我在此地感到奇怪,他们几乎一致劝我放弃再待几天的计划,否则不但浪费我的时间,白费力气,徒损健康,更糟的是还有可能会丧失理性。诚然,我承认,这个极其单纯、极其美丽的地区还不大会讨人喜爱;但是,如果我没有搞错的话,它也能像世上任何其他地区一样使人激动不已。这是一片既不优美,也不安适,但却朴实无华的土地,这并不是一种过错,其最初的影响就是使人严肃,许多人却把这种效果与忧郁混同起来了。一大片高地消失在更广袤、更平坦、沐浴着永恒光芒的地域之中;相当空旷、相当荒芜、足以给人这个名叫沙漠的奇异东西的概念,外加几乎永远相似的天空,悄无声息、四处安宁的地平线。中部,一种类似偏僻的城镇那样的东西,环绕着寂静;接着有点儿绿荫,一些沙质的岛状地,最后有几座灰白色的钙质礁或者黑黝黝的石灰岩,位于一片犹如汪洋大海的浩瀚地区的边缘。这一切中,除了太阳从沙漠上升起,运行到山丘后落下之外,很少变化,很少意外,很少新奇,永远静寂、晒烤,不分范围;或者在最后一阵南风的吹拂下，沙堆改变了位置和形状。清晨很短，中午比别处更长更沉闷，几乎没有黄昏；有时，突然散发一阵强光和热气，灼热的风霎时使景色具有吓人的外貌，这里可能产生难以忍受的感觉；但通常是一种阳光灿烂的静止状态，晴朗天气时带点憋闷的呆板，最后有种麻木的神态仿佛从上天传给万物，又从万物过渡到人的脸部。

这幅由阳光、沙漠、寂寥构成的炽热、生动的画面给人的最初印象是揪心的，无法同任何其他画面相比。然而，眼睛渐渐习惯于线条的伟大、空间的寥廓、地面的光秃；如果还会对什么感到惊奇，那就是对如此缺少变化的效果居然保持敏感，对实际上极为普遍的场面居然激动不已。

在此之前，我还没有见过任何异常或突出的事物，符合我们对这个地区通常形成的特殊观念。与阿尔及尔相比，只是光线略强一些，天空更明朗更深远一些，这并未引起我丝毫诧异。这是一处干热地区的天空，当然有别于——我有意强调此点——土地同时受到灌溉、浸润、晒热的埃及的天空。埃及拥有一条大江，众多广阔的濒海湖，那儿夜晚总是潮湿的，土地里的水分不断蒸发。这里的天空却是晴朗的、干燥的、不变的；接触的是黄色或白色的土地，浅红的山，茫无涯际地保持着纯蓝色；当它处在夕阳对面染成金黄色的时候，基部是紫罗兰色的，稍微带点铅灰色。我也没有见到过美丽的海市蜃楼。除了刮西罗科风①的期间，地平线

① 西罗科风：一种气流沿山坡下降而形成的干热的风。

总是显得很清楚，从天空下呈现出来；只有最后一道灰蓝色条纹早晨异常突出，但到了中午就有点同天空混淆起来了。朝姆扎卜绿洲方向的正南方，隔着一段很远的距离，可以瞥见一条由罗望子树林组成的不规则线条。每天在这部分沙漠中产生的微弱的蜃景，使这些树林显现得更近更大；然而幻景不大给人深刻的印象，这必须具有经验才能懂得。

我是在高地上度过最美好时光的，有朝一日我会为之惋惜不已的时光；站在高地上，经常在东塔下，面对着那辽阔的地平线，四下望去，无挂无碍，自东往西，从南到北，君临一切：山峦、城镇、绿洲和沙漠。我清早就到那里，中午仍在那里，傍晚再去那里；我独自呆着，见不到任何人，除了少数几个游客，被我的白伞尖所吸引，大概对我如此爱好高地感到奇怪，走近来瞧瞧。这片高地是一种平台，四周围绕着矮栏墙，从城那边沿着一道相当陡峭、布满巉岩的斜坡可以爬到此地，但南边却没有出口，从那儿有可能几乎笔直掉进园子内。在我到达时，太阳升起之后不久，我发现那里有一个土著卫兵还在紧挨塔基躺着睡觉。随即卫兵就被撤走，因为这处岗哨只在夜晚才守卫。这时整个地区都是粉红的，一种桃花衬托的鲜艳的粉红色；城镇上布满星星点点的阴影，几座白色的小隐士墓散布在棕榈林边，在这片沉闷的原野上欣然闪烁着，而原野在短暂的凉爽时刻，似乎在对初升的太阳微笑。空中有模糊的声响，近似于某一首歌曲，它让人明白世上所有的地方都快活地苏醒了。

于是，几乎在每天的同一时候，传来了从南方飞到的无数小鸟的啁啾声。这是来自沙漠的沙鸡，去源泉饮水。它们飞越城镇，成群结队，也可以说分成一小群一小群的；它们飞得很快，可以听得出它们的尖翅膀迅疾的扑扇声；它们的古怪而嘈杂的叫声随着飞行的速度时而拖长时而变得急促。我老远认出它们的先锋时感到一种由衷的激动；我数着相继而来的鸟群，几乎老是同样的数目；它们总是朝同一的方向奋飞，从南往北，斜穿城镇经过我这儿。它们的羽毛被阳光染上色彩，灿烂的闪光片霎时间遮蔽了蓝色的天空；我从拉斯－欧云这边目随着这些沙鸡；它们飞到绿洲一半左右就在我的视线中消失，但我经常继续听见它们的叫声，直到最后一群沙鸡在饮水处停下来。这时是六点半。一小时后，相同的叫声突然在北方重新响起，同样的鸟群再次一一飞越我的头顶，次序不变，数目相等，一队接着一队，返回荒漠的旷野。只不过，这一回叫声没有突然停止，而是逐渐变弱，减轻，消失在寂静中。可以说早晨结束了，一天中唯一近乎宜人的时光在鸟群的一去一回中流逝。景色原先是粉红的，现在已变成黄褐；城镇中星星点点的阴影少多了。随着太阳升高，市容呈现灰色；随着阳光越来越亮，沙漠反倒显得暗淡；唯有山丘仍然是淡红色的。倘若一直刮风，这时就会停止；从沙漠中散发出来的热气，开始在空中散布。两小时以后，传来宣布退回祈祷的号声；一切活动同时停止，随着最后一声号响，中午开始了。

此时此刻，我不再担心受到打扰；因为除我以外，没有人会打算到高地上来冒险。炎阳上升，逐渐缩短塔影，终于直接升到我的头顶上空。我别无隐藏处，只能躲在我的阳伞的狭小的阴影下，缩紧身子；两只脚伸进沙地里，或者放在亮晶晶的砂岩上；我身边的画夹在阳光下弯曲了；我的颜料盒像烤焦似的裂开了。万籁俱寂。整整四个小时这儿静谧、寂寞得令人难以相信。城镇在我下面沉睡，犹如一个紫色的庞然大物，带有空荡荡的露台；阳光照亮了这些露台上许多筐篮，装满粉红色的小杏，为了晒干放在那儿。到处都能见到一些黑洞，标志着屋内的门窗，还有深紫色的细线条，显示出城里仅有的一两条林荫道。露台周围较强的光线，有助于把所有的泥土建筑物彼此区分开来，这些泥土建筑物与其说是建造的，倒不如说是堆积在三座山丘上的。

城镇的两边各有一片绿洲，在白昼的凝重气氛下似乎同样沉睡不醒，无声无息。绿洲显得很小，紧挨着城的两侧，看起来与其说在取悦它，倒不如说必要时想保卫它。绿洲在我眼前一览无余：如同两块方形的叶丛，绿公园似的围着一道垣墙，在荒瘠的旷野上明显地勾勒出来。尽管被分割成许多小果园，每个果园都用墙围住，从我所处的高度望去，仍然好似一张绿色的桌布；分不清任何树木，只能辨别两层式的森林：第一层是圆顶树丛，第二层是棕榈树丛。相隔很远，有几垅稀疏的大麦，如今已只剩下麦茬，在叶丛中间形成一些土黄色的平地；别处，在少数林中空地里，露出一种干燥的、粉末状的灰色土地。最后，在南边，有少许被风吹来的沙堆越过了围墙；这是沙漠在侵占花园。树木纹丝不动；森林茂密处隐约有些隐蔽的洞口，可以设想里面藏着一些小鸟，它们正在睡觉，等待傍晚第二次醒来。

这也是沙漠转变为昏暗的原野的时刻，我从到来的那一天起就注意到了。太阳悬挂在中天，把沙漠罩在光圈内，相等的光线同时从四面八方到处直射着它。这既不再是光明，也不再是黑暗；不可捉摸的色彩显示的远景几乎无法再测定距离，一切都染上一层褐色，没有色差、不着痕迹地延伸；十五至二十法里一片地方，单调、平坦得犹如地板。似乎最小的隆起物也该显露出来，然而一无发现；甚至再也无法说出哪儿有沙子，哪儿有土地，哪儿是多石的部分；这片固体海洋的静止状态这时比任何时候更动人心魄。见到它从我们脚下开始，既没有预定的路线，也不迂回曲折，径直朝南、朝东、朝西扩展，隐没，我们不禁会寻思，那片具有朦胧色——似乎像空虚色的静悄悄的地方究竟可能是什么样的？既没有人从那儿来，也没有人往那儿去。它最终以一条笔直、清晰的线与天空相接。谁知道呢？我们感到那里并非结束，可以这样说，那只是大海的入口。

现在，请为这所有的幻想补充地图上看到的令人神往的名称吧。我们知道那边有一些地方，处在这个或那个方向，相距五天、十天、二十天、五十天的行程。一些地方著名，另一些仅仅被标出，其他地方则听起来更不为人知：——首先，正南方是贝尼—扎卜，七座城市的联邦，据说其中三座与阿尔及尔一样大，棕榈树有十来万株，还盛产世界上最好的海枣；然后是香巴亚，小贩和商人的集聚地，靠近图瓦特绿洲；然后是图瓦特，无数的撒哈拉群岛，肥沃，引水灌溉，人口稠密，同图阿雷克交界；然后是图阿雷克，它大致占满这个未知面积的巨大地区，人们只能确定它的四个末端：滕贝克图、加德姆斯、提米蒙和豪萨；然后是只能隐约看到边缘的黑人地区，两三座城镇的名称，一个王国的首府；一些湖泊、森林，左边是大海，也许是大江，赤道特殊的恶劣天气，稀奇古怪的物产，巨大的动物，长毛羊，大象；还有什么？再没什么清晰的了，未知的距离，变化不定，谜。我面前就是这谜的开端；中午明亮的阳光下的景色是奇特的。正是在这儿，我想见到埃及的狮身人面像。

我徒然环顾四周，无论远近，都看不出任何东西在动。有时，偶然有一小队载着东西的骆驼出现，犹如一串黑黝黝的小点，慢腾腾地爬上沙坡；只有等驼队靠近山丘下，才能瞧见。这是些旅行者；他们是谁？来自何处？他们穿过了我眼皮底下的地平线，而我竟没有发现。或者有时，有一股夹带沙子的龙卷风犹如一股轻烟突然从地面上刮起，螺旋状上升，穿越一定距离，被东风吹弯，几秒钟后消失。

时光慢慢地流逝；这一天结束了，就像早晨开始时那样呈淡红色，天空是暖色调的，背景也带上颜色。这次，轮到倾斜的长火舌即将把东部的群山、沙漠、岩石染成紫红色；白昼被烈日晒得疲惫不堪的地区由阴影占据；万物似乎都松了一口气。麻雀和斑鸠在棕榈树中唱了起来；城里也如同发生了一场复兴运动；一些人登上露台，来摇晃筐篮；广场上传来牲畜的声音，有人牵马去饮水，马在嘶，骆驼在叫；沙漠很像一块金板；太阳落到紫罗兰色的山上；夜幕准备降临。

这样度过一天之后，我回去时感到某种醉意，我想这是由于我沉浸在阳光中十二小时以上，吸入了大量光线所引起的；我愿意把我所处的精神状态详细向你说明。

这是一种内心的光明，夜晚到来后经久不散，在我睡梦中仍在折射。我不断梦见强光；闭上眼睛，我见到火焰、发光的星体，或者不断增长的模糊反光，宛如黎明的接近；可以这样说，我不再有黑夜。这种哪怕在没有太阳的情况下也面临白昼的感觉，这种犹如流星划破夏天夜空似的被闪光不断掠过的透明的休息，这种不给我任何黑暗时刻的奇特的恶梦，这一切都很像在发烧。然而我一点都不感到疲倦；这该是意料中的事，我不叫苦。

夏日芳草

理查德·杰弗理*

我踏着芳馥的浅草向上走去。而随着每一步的攀登,我心境的感受范围似乎也更加宽阔。随着每一口清纯气息的吸入,一个更加深沉的渴望正在不觉萌生。甚至连这里太阳的光线也更加炽烈而妍丽。待到我登上山顶,我早已把我的卑微处境与生活苦恼忘个干净。我感到我自己已经一切正常。山顶有堑濠一道,行至其地,我沿沟缓缓而行,稍事歇息。沟的西南边上,一处坡面坍陷,形成裂口。这里下临一带广阔沃野,其中盛植小麦,景色颇佳,周围青山环抱,宛如一座古罗马圆形剧场。山间有通路隘口,折向山南,天际远处则为

---

* 理查德·杰弗理(1848—1887),英国小说家、散文家。主要作品有《绿色的费尔农场》、《我内心的故事》、《菲尔德家的生活》、《清新的早晨》等。本文选自《外国散文三百篇》(第二卷),林非主编,李晓红、王兆胜选编,高健译,北京:中国社会科学出版社2003年版。

白云锁闭,不可复见。各处村屯农舍多为林木荫蔽,故此地堪称绝幽。

这里的确幽静异常,唯有阳光与大地为伍。我躺在草上,开始从灵魂深处与大地、阳光、空气以及那渺不可见的远海慢慢絮语。我想到大地的坚实——我甚至觉得它将我载负而起;并从身下如茵的绿榻那里传来一种异样的感觉,仿佛大地正在和我交谈。我想到那流荡的空气——以及它的纯净,这正是它的美的所在:它抚摸着我,并把它自身的一部分也给了我。我又与大海谈话——虽然它离我很远,在我的想象之中,我仍然看到了它缘岸近处的苍翠与远洋深处的蔚蓝——我渴望获得它的力量、秘密与光荣。然后我又与太阳对语,渴望从它的辉煌与灿烂中,从它的坚韧不拔与不知疲倦的驰驱中,找到那和灵魂相仿佛的东西。我抬起头来仰对着顶上的蓝天,凝视着它的深邃,吸吮着它的绝妙的色泽和芳馥。天上的那些采撷不到的花朵里的浓郁蔚蓝把我的灵魂也吸引了去,使它在那里得到安息;因为纯净的色调能给灵魂带来静谧。凭着这一切我祈祷了。我的灵魂体验到了一种完全不可言诠的感情;相形之下,祈祷反而显得微不足道,而语言更是这种感情的一个粗糙标记——只可惜我除此再没有别的办法了。凭着碧蓝的天空,凭着那光透幽径的滚滚艳阳,一个新的缥缈的"以太"海洋正展开在我的面前。凭着那环抱宇宙周流八垠的爽气清氛;凭着那喧嚣在岸边的大海——近处雪浪翻舞的碧海与远洋的深海;凭着载负着我的坚实大地;再凭着芳馥的茴香,它们的小花我常抚摸;凭着芊芊芳草;凭着那经手一搓便顺指滑落的粉松白垩,我祈祷了。我搓搓土块、草叶与茴香,吸吸周流寰宇的澄鲜空气,想想大海与苍天,伸伸手臂来让阳光爱抚一番,并俯首在草上以示虔敬——我正是这样来祈祷的,这时我衷心盼望这样或许能接触到那个比上帝更高的不可言说的世界。

尽管使我心神激越的许多感情那么浓烈,尽管我与大地、阳光、天空、星斗与海洋的一番歆合那么亲切——这种感情动人心魄的深切是任你怎么来写也写不出的。我正是凭着这些来祈祷的,仿佛它们竟是一些乐器,一些键盘,通过它们而把我灵魂中的乐调嘹亮奏出,它们增大了我歌声的音量。那光华耀目的伟大太阳,茁壮而亲切的大地,和暖的晴空与澄鲜的空气,以及对大海的思慕——这一切无可言喻的美简直给我带来一种至乐与狂喜,一种飘飘然的感觉……

夏天的时候我常到田野里去。背靠着橡树庞大的躯干,这时身后粗糙的树皮与地衣隐隐可觉;我便在往下面绿色田野(靠近山坡林木处几作橙黄色)俯视的同时,开始思索我要进一步追求的灵魂生活。或者,坐卧在翠绿的冷杉之下昂首张望,看到天顶处的颜色更加湛蓝;这里羊齿遍地,野鸽咕咕,林木动处,槐树上的茸茸新叶清晰可辨。不论在躯干修直饱满的榆树阴下,还是在山楂矮林与榛树之旁,我自己都充满着一种追逐灵魂本性的深刻渴求;希望从这一切绿色事物和从阳光之中获致那种连它们自己也完全懵懂的内在意义——以便我自己也能盛满光泽,恍如阳光下的林木那样。甚至连过路时稍稍摸摸树上长满地衣的皱皮和触触伸向路边的一个枝梢,也都仿佛具有代我自身祈祷的效验。

漫长的夏日天气把草地晒得暖洋洋的。我总是卧在比较偏僻的角落，全身躺直，以接受大地的爱抚。这里丰草高高过身，婆娑的树影戏舞在我的面颊之上。我时而眯缝着眼望望天空，禁不住那晃眼的阳光。蜜蜂常从我头上嗡嗡而过，有时也飞过一只蝴蝶，空中则是一片蝇营，翠绿的小鸟在篱边歌唱。当我这样逐渐进入到夏日的炽烈的生活之后——一种在我的周围熊熊燃烧着的生活，这时每片草叶仿佛都是一把火炬——我终于对大地自远古以来的全部漫长生活开始有所体会，而这时太阳正把我照得暖洋洋的。在远哉迢迢的古昔，南国沙碛上的西索斯托里斯[①]便已对他自己与太阳有所认识……我的灵魂渴望能汲取到那曾经流贯于过去时代的灵魂生活，正像阳光曾经不绝地倾注在大地之上那样。另外正如流沙能够吸收热量，同样我也能获致那种灵魂的精力。虽然表面如梦一般，我却尽情地吮吸着生命的气息；我对草叶、野花、山楂与树上的绿叶并未忘怀。我似乎恰恰是通过它们来生活，仿佛它们一个个尽是我吸吮汁液的孔道。这时蚱蜢正在鸣叫跳跃，小鸟在歌唱，画眉在欢快鸣啭，整个空中生意盎然。此时我也被深深地投进生命之中，并与那全部生命一起祈祷着。

① 西索斯托里斯：传说中的埃及法老。

秋

斯代方·马拉美*

自从玛丽亚离开我到另外一个星宿中去——哪一个星宿,猎户星,牵牛星,或者是你吗,绿色的太白星?我时常有寂寞之感。我孤独地和我的猫度过了多少漫长的岁月啊!我说“孤独地”,意思是没有物质的存在物;我的猫是一个神秘的伴侣,一个精灵。因此,我可以说,我孤独地和我的猫,和一个拉丁衰亡时代的最后作家,度过了许多漫长的岁月。

自从这个白色的生物没有了以后,很奇怪而特别地,我所喜爱的一切都可以概括在“衰落”这个词里。所以,就一年来说,我喜爱的季节是夏天最后几个憔悴的日子,正当秋季开始以前。就一日来说,我挑选了出

---

* 斯代方·马拉美(1842—1898),法国象征主义诗人和散文家。代表作有《一个田神的下午》和《诗稿全集》等。本文选自《外国散文经典100篇》,苏福忠选编,施蛰存译,北京:人民文学出版社2003年版。

门散步的时间是太阳落山之前，当黄铜色的光照在灰色的墙上，紫铜色的光照在玻璃窗上的时候。同样，在文学上，我的精神所从而寻求悲哀的娱乐的，也将是罗马末期的那些苦闷的诗歌，只要是那些还没有透露出野蛮民族已走近来使它返老还童的征兆，也还没有牙牙学语，在开始第一篇基督教散文的幼稚的拉丁文作品。

我一边读着这样的诗歌（它的色泽，对于我是比青年的肌肉更有魅力），一边把一只手抚摸着这个纯洁的动物的皮毛。这时，在我窗下，低沉而哀怨地响起了一架手风琴。手风琴在白杨树下漫长的人行道上响起，这些白杨树的叶子，自从丧烛伴着玛丽亚最后一次经过之后，即使在夏天，我也觉得它们萎黄了。有些乐器是很悲哀的，不错，钢琴闪烁发光，小提琴给残破的灵魂照明，但是手风琴，却使我在朦胧的回忆中，耽于绝望的梦想。现在，它正在悠扬地奏起一支愉快的俗曲，一支能使乡下人心里快乐起来的陈旧熟腻的调子，它的繁音促节却引得我悠然入梦，并且使我下泪，像一曲浪漫的民谣一样，你这是从哪里来的魔力啊？我慢慢地领受着它，我不敢丢一个铜子到窗外去，唯恐一动之后，就会发现这个乐器不是在为自己歌唱。

田园之秋

陈冠学*

9月1日

置身在这绿意盎满的土地上，屈指算来也有足足的两年了。这两年的时光已充分将我生命的激荡归于完全的平静，可谓得到了十分的沉淀和澄清。在过往的日子里便蠢蠢欲动，想拿起笔来记下这至福的生涯，但是正沉浸间，生命吸饱了这田园的喜悦，反而如醉如痴般，几度拿起笔来，几度无法写出一个字。可是不能一味如此感激下去，起码得勾出几笔素描。我得振奋起这一枝笔来写，在一天里，虽即不能从这整个生涯的喜悦里完全清醒，也得半醒半醉地抽出几分钟时间尽力写一点儿。

真巧今天是秋季来临的第一日，事前也曾下选择，

---

* 陈冠学(1934—)，当代作家。著有《田园之秋》、《父女对话》等。本文选自其《田园之秋》，台北：草根出版公司1994年版。

却在秋季刚到的同一日开始了这本田园日记。秋,本就合人喜爱;秋,紧接在炎夏之后来到,有谁能不爱?何况秋季是成熟的季节,这田园里的住民,更是爱秋过于春了。

人们总是等季节来到已有些日子之后才注意到新的季节来了,而也在此时才觉察到上一季节早走了。那广阔田园里的庄稼,那原野中、田埂间、道路旁和前庭后院里的草木,都是在人们一场好睡的夜里偷偷萌了芽,茁壮了,结实了的啊!而当人们一觉醒来,绿的黄了,黄的绿了;并且人生自幼而少,自少而壮,自壮而老,不也正是这般地在不知不觉间变换着的吗?在自然里,在田园里,人和物毕竟是一气共流转,显现着和谐的步调,这和谐的步调不就叫做自然吗?这是一件生命的感觉,在自然里或田园里待过一段时日以后,这是一种极其亲切的感觉,何等的谐顺啊!

怪不得今日天高气爽,浅蓝的晴天上抹着几丝薄纱也似的白云,空气如此澄澈而清凉。如今回想起来,早在十多天前无怪早晚已仿佛有了秋意,甚至中午日光遍照之时,也一样带着清泉似的气息。一礼拜前,竹蔀[①]里,在暮色苍茫中,已听见伯劳聒噪,原来秋是到了。要不是今天拿起笔来写这日记,怕要再等几番秋雨才觉得着罢!

我爱秋,不仅爱它成熟,爱它在炎夏之后带来凉意,更爱它是候鸟的季节,尤其是冬留鸟来的季节。当五月春将去,夏逼来时,几次挥手送别了客鸟北归,接

① 竹蔀:成簇的竹,由同一母株发展成一簇叫一蔀。

着炎夏一到，不仅在炎热的气温下厌厌无聊赖，不仅没有了春花烂漫，尤其不见那多彩的好影，丰美的好音。夏，于是更显得索然无俚。然而当秋一到，这一切又都回来了，花圃里有着记不清的菊科的花开放；道路旁一样有着它繁多的族类，在人脚边静静展蕊。那北来的鸣客，更是令人觉得此地才是它的故乡似的，到处是踪影，是歌声。秋，是个丰盛的季节。

今天一早吃过早饭，眼看着明净的晨光揭开的是这么美好的一个天地，任怎样铁定的习惯，也不能把我留在书桌前坐下来好好地看书。我生命内里不由产生出一股力量，非得把我推出去，在这一大片田园间巡行一遭，似不肯罢休；尤其那清晨的空气，给朝阳透过，好像起了什么物理化学作用，我得出去，像一尾鱼游入一泓清泉，我得游进这空气中。我又觉得，强烈地觉得，非得去点检一下，那初到的鸟，初开的秋的野花，好像那是我的庄稼似的；真是个奇异的感应力。于是，我出去了，转了一大圈，把这一带的田园，及田园间的大小路，甚至小径，乃至田埂田垅，当然走不遍，但是却像非得每一条都去造访不可。于是我挑了平时最常走的路径，着着实实地转了一圈。一路上相照面的一切，包括有生命的和无生命的，就像遇见了好友一样，和它们打招呼。虽然旁人也许不能理解，但是我自己却是那么亲切地感到这一切有着人格的真实。在一所才经营了两年的果园边，见到了一只伯劳，瞟了我几眼，停在篱柱上；见了不由心喜：

嘿！这儿挺不错嘛！是不是？别再往南去！何必呢？这里是世界上最美最好的过冬地啊！

伯劳听见我跟它讲话，又瞟了我几眼，没有飞去。真的，我真的不希望它再辛劳飞越重洋到赤道上去，我以东道主的身份，十二万分诚恳，希望它留下来。一群乌嘴鹭[①]鸟，大约五六只，在田路的那一头浮沉而过。一只草鹡鸰在草尖上抽动着它的长尾，脊令脊令连珠似的鸣啭着。差点儿被一只鹌鹑吓着，这小东西噗地从脚边草丛里飞起。它总以为人家没发现它，可是直挨到行人的脚趾要踩到它那不满半寸长的尾羽，这才着慌掷出来，要是不熟悉它这脾气，准要被吓着。单看那些路边径旁的花，就令人深深觉得秋季毕竟是朴素的，虽即一样点缀着漫山遍野的花色，比起春来，可真是显得多娴雅啊！菊科红花属的一点红，正举着一束束待放的红蕊，有的已是弄过花，迸开棉也似的絮。另有蓬属的草，也轻轻扬起近乎粉红的花絮，只要有一阵轻风过，那些花絮就会乘风飘去。一两株小本含羞草，静静地在僻处举着胭脂绒球也似的花，探出了矮草的头顶。草蜘蛛披在草尖上离地不及一寸的网，缀满了露珠，映着朝晖，晶莹的给大地增添了一项富丽的装饰。大自然毕竟是无限的富有，这里不啻是千万颗珍珠！当然我最富有，这一切都是上天赠给诗人的，若我也算得上是诗人的话。其实，人间也只有像我这样置身在这晶莹的晨野里的人，才配称为诗人，你说是不是？总之，那催我出去的感应力，果然发于这一片灵秀，转了这么一圈，我的生命更加晶莹了。

回来踏勘屋前八分地的番薯，有一半早已成熟。

---

① 乌嘴鹭：鸟书叫尖尾文鸟。

上月下旬，忙着给另甲二地的番麦施肥培土，照顾不到这一边。这一两天内总得犁了这四分地的番薯，最迟不能拖过一星期。

下午在家修理农具，清理内外，不觉暮色生于篱根屋角，才知道时间对于独居的人，不论工作休息都是一样的快慢。给牛放了夜草，灌了十几竹管的潘水[1]，天色已完全暗下来了。

借着灯光给撑开了一角夜色，读了几页书，发觉有几本书有些破解，兀兀地给做了一番修补。寂静极了，仿佛听见时间的脚步声从身边过去。但是一定神，这才听见田野里传来土蜢[2]的夜鸣。此刻是九点半，此物自黄昏六点起，足足振动了三个半钟头的薄翅，真有那份劲儿，可也真迷人！

---

① 潘水：洗米水。

② 土蜢：北方人叫油葫芦。

冬天之美

乔治·桑*

我从来热爱乡村的冬天。我无法理解富翁们的情趣，他们在一年当中最不适于举行舞会、讲究穿着和奢侈挥霍的季节，将巴黎当作狂欢的场所。大自然在冬天邀请我们到火炉边去享受天伦之乐，而且正是在乡村才能领略这个季节罕见的明媚的阳光。在我国的大都市里，臭气熏天和冻结的烂泥几乎永无干燥之日，看见就令人恶心。在乡下，一片阳光或者刮几小时风就使空气变得清新，使地面干爽。可怜的城市工人对此十分了解，他们滞留在这个垃圾场里，实在是由于无可奈何。我们的富翁们所过的人为的、悖谬的生活，违背大自然的安排，结果毫无生气。英国人比较明智，他们

---

* 乔治·桑(1804—1876)，法国女作家。主要作品有《康素埃洛》、《安吉堡的磨工》等。本文选自《外国散文经典100篇》，苏福忠选编，张秋红译，北京：人民文学出版社2003年版。

到乡下别墅里去过冬。

在巴黎，人们想象大自然有六个月毫无生机，可是小麦从秋天就开始发芽，而冬天惨淡的阳光——大家惯于这样描写它——是一年之中最灿烂、最辉煌的。当它拨开云雾，当它在严冬傍晚披上闪烁发光的紫红色长袍坠落时，人们几乎无法忍受它那令人炫目的光芒。即使在我们严寒却偏偏不恰当地称为温带的国家里，自然界万物永远不会除掉盛装和失去盎然的生机，广阔的麦田铺上了鲜艳的地毯，而天际低矮的太阳在上面投下了绿宝石的光辉。地面披上了美丽的苔藓。华丽的常春藤涂上了大理石鲜红和金色的斑纹。报春花、紫罗兰和孟加拉玫瑰躲在雪层下面微笑。由于地势的起伏，由于偶然的机缘，还有其他几种花儿躲过严寒幸存下来，而随时使你感到意想不到的欢愉。虽然百灵鸟不见踪影，但有多少喧闹而美丽的鸟儿路过这儿，在河边栖息和休憩！当地面的白雪像璀璨的钻石在阳光下闪闪发光，或者当挂在树梢的冰凌组成神奇的连拱和无法描绘的水晶的花彩时，有什么东西比白雪更加美丽呢？在乡村的漫漫长夜里，大家亲切地聚集一堂，甚至时间似乎也听从我们使唤。由于人们能够沉静下来思索，精神生活变得异常丰富。这样的夜晚，同家人围炉而坐难道不是极大的乐事吗？

雪　夜

莫泊桑[*]

黄昏时分，纷纷扬扬地下了一天的雪终于渐下渐止，沉沉夜幕下的大千世界，仿佛凝固了，一切生命都悄悄进入了睡乡。或近或远的山谷、平川、树林、村落……在雪光映照下，银装素裹，分外妖娆。这雪后初霁的夜晚，万籁俱寂，了无生气。

蓦地，从远处传来一阵凄厉的叫声，冲破这寒夜的寂静，那叫声，如泣如诉，若怒若怨。听来令人毛骨悚然！喔，是那条被主人放逐的老狗，在前村的篱畔哀鸣：是在哀叹自己的身世，还是在倾诉人类的寡情？

漫无涯际的旷野平畴，在白雪的覆压下蜷缩起身

---

* 莫泊桑（1850—1893），法国小说家。代表作有小说《一生》、《俊友》、《温泉》、《羊脂球》、《项链》等。本文选自《外国散文三百篇》（第二卷），林非主编，李晓红、王兆胜选编，斯章梅译，北京：中国社会科学出版社2003年版。

子，好像连挣扎一下都不情愿的样子。那遍地的萋萋芳草，匆匆来去的游蜂浪蝶，如今都藏匿得无迹可寻；只有那几棵百年老树，依旧伸展着槎牙的秃枝，像是鬼影幢幢，又像那白骨森森，给雪后的夜色平添上几分悲凉、凄清。

茫茫太空，默然无语地注视着下界，越发显出它的莫测高深。雪层背后，月亮露出了灰白色的脸庞，把冷冷的光洒向人间，使人更感到寒气袭人；和她做伴的，唯有寥寥的几点寒星，致使她也不免感叹这寒夜的落寞和凄冷。看，她的眼神是那样忧伤，她的步履又是那样迟缓！

渐渐地，月儿终于到达她行程的终点，悄然隐没在旷野的边沿，剩下的只是一片青灰色的回光在天际荡漾。少顷，又见那神秘的鱼白色开始从东方蔓延，像撒开一幅轻柔的纱幕笼罩住整个大地，寒意更浓了。枝头的积雪都已在不知不觉间凝成了水晶般的冰凌。

啊，美景如画的夜晚，却是小鸟们恐怖战栗、备受煎熬的时光！它们的羽毛沾湿了，小脚冻僵了；刺骨的寒风在林间往来驰突，肆虐逞威，把它们可怜的窝巢刮得左摇右晃；困倦的双眼刚刚合上，一阵阵寒冷又把它们惊醒……只得瑟瑟缩缩地颤着身子，打着寒噤，忧郁地注视着漫天皆白的原野，期待那漫漫未央的长夜早到尽头，换来一个充满希望之光的黎明。

陶然亭的雪

俞平伯*

小　引

悄然的北风，黯然的同云，炉火不温了，灯还没有上呢。这又是一年的冬天。在海滨草草营巢，暂止飘零的我，似乎不必再学黄叶们故意沙沙的作成那繁响了。老实说，近来时序的迁流，无非逼我换了几回衣裳；把夹衣叠起，把绵衣抖开，这就是秋尽冬来的唯一大事。至于秋之为秋，冬之为冬，我之为我，一切之为一切，固依然自若，并非可叹可悲可怜可喜的意味，而且连那些意味的残痕也觉无从觅哩。千条万派活跃的流泉似全然消释于乌何有之乡土，剩下"漠然"这么一味来相伴了。看看窗外酿雪的同云，倒活画出我那潦

* 俞平伯（1900—1990），现代学者、作家。代表作有《燕知草》、《红楼梦辨》等。本文选自《俞平伯散文杂论编》，上海：上海古籍出版社1990年版。

倒的影儿一个。像这样喑哑无声的蠢然一物，除血脉呼吸的轻颤以外，安息在冬天的晚上，真真再好没有了。有人说，这不是静止——静止是没有的——是均衡的动，如两匹马以同速同向去跑着，即不异于比肩站着的石马。但这些问题虽另有人耐烦去想，而我则岂其人呢。所以于我顶顶合式，莫如学那冬晚的停云。(你听见它说过话吗?)无如编辑《星海》的朋友们逼我饶舌。我将怎样呢? ——有了！在“悄然的北风，黯然的同云，炉火不温了，灯还没有上呢”这个光景下，令我追忆昔年北京陶然亭之雪。

我虽生长于江南，而自曾北去以后，对于第二故乡的北京也真不能无所恋恋了。尤其是在那样一个冬晚，有银花纸糊裱的顶棚和新衣裳一样猝缭的纸窗，一半已烬一半还红着，可以照人须眉的泥炉火，还有墙外边三两声的担子吆喝。因房这样矮而洁，窗这样低而明，越显出天上的彤云格外的沉凝欲堕，酿雪的意思格外浓鲜而成熟了。我房中照例上灯独迟些，对面或侧面的火光常浅浅耀在我的窗纸上，似比月色还多了些静穆，还多了些凄清。当我听见廓落的院子里有脚步声，一会儿必要跟着“砰”关风门了，或者“咔嗒”下帘子了。我便料到必有寒紧的风在走道的人颈傍拂着，所以他要那样匆匆的走。如此，类乎此的黯淡的寒姿，在我忆中至少可以匹敌江南春与秋的姝丽了，至少也可以使惯住江南的朋友们了解一点名说苦寒的北方，也有足以系人思念的冬之黄昏啊。有人说，“这岂不将钩惹我们的迟暮之感?”真的！——可是，咱们谁又是专喝蜜水的人呢。

总是冬天罢，（谁要你说？）年月日是忘怀了。读者们想决不屑介意于此琐琐的，所以忘怀倒也没要紧。那天是雪后的下午。我其时住在东华门侧一条曲折的小胡同里，而G君所居更偏东些。我们雇了两辆“胶皮”，向着陶然亭去，但车只雇到前门外大外郎营。（从东城至陶然亭路很远，冒雪雇车很不便。）车轮咯咯吱吱的切碾着白雪，留下凹纹的平行线，我们遂由南池子而天安门东，渐逼近车马纷填，兀然在目的前门了。街衢上已是一半儿泥泞，一半儿雪了。幸而北风还时时吹下一阵雪珠，蒙络那一切，正如疏郎冥濛的银雾。亦幸而雪在北京，似乎是白面捏的，又似乎是白泥塑的。（往往到初春时，人家庭院里还堆着与土同色的雪，结果是成筐的挑了出去完事。）若移在江南，檐漏的滴答，不终朝而消尽了。

言归正传。我们下了车，踏着雪，穿粉房琉璃街而南，炫眼的雪光愈白，栉比的人家渐寥落了。不久就远远望见清旷莹明的原野，这正是在城圈里耽腻了的我们所期待的。累累的荒塚，白着头的，地名叫做窑台。我不禁连想那“会向瑶台月下逢”[1]的所谓瑶台。这本是比拟不伦，但我总不住的那么想。

那时江亭之北似尚未有通衢。我们踯躅于白蓑衣广覆着的田野之间，望望这里，望望那里，都很像江亭似的。商量着，偏西南方较高大的屋，或者就是了。但为什么不见一个亭子呢？藏在里边罢？

到拾级而登时，已确信所测不误了。然踏穿了内

① 唐李白《清平》调中语。

外竟不见有什些亭子。幸而上面挂着的一方匾；否则那天到的是不是陶然亭，若至今还是疑问，岂非是个笑话。江亭无亭，这样的名实乖违，总使我们怅然若失。我来时是这样预期的，一座四望极目的危亭，无碍无遮，在雪海中沐浴而嬉，宛如回旋的灯塔在银涛万沸之中，浅礁之上，亭亭矗立一般。而今竟只见拙钝的几间老屋，为城圈之中所习见而不一见的，则已往的名流觞咏，想起来真不免黯然寡色了。

然其时雪又纷纷扬扬而下来，跳舞在灰空里的雪羽，任意地飞集到我们的粗呢氅衣上。趁它们未及融为明珠的时候，我即用手那么一拍，大半掉在地上，小半已渗进衣襟去。"下马先寻题壁字"[1]，来来回回的循墙而走，咱们也大有古人之风呢。看看咱们能拾得什么？至少也当有如"白丁香折玉亭亭"[2]一样的句子被传诵着罢。然而竟终于不见！可证"一蟹不如一蟹"这句老话真是有一点意思的。后来幸而觅得略可解嘲的断句，所谓"卅年戎马尽秋尘"者，从此就在咱们嘴里咕噜着了。

在曲折廓落的游廊间，当北风卷雪渺无片响的时分，忽近处递来琅琅的书声。谛听，分明得很，是小孩子的。它对于我们十分亲密，因为和从前我们在书房里所唱出的正是一个样子的。这尽可以使我重温热久未曾尝的儿时的甜酒，使我俯拾眠歌声里的温馨梦痕；并可以减轻北风的尖冷，抚慰素雪的飘零。换一句干

① 宋周邦彦《清真》集中《浣溪沙》句。

② 我父亲从前在陶然亭见的雪珊女史的题壁诗："柳色在山上鬟青，白丁香折玉亭亭。天涯写遍题墙字，只怕流莺不解听。"

脆点的话，就是在清冷双绝的况味中，它恰好给喝了一点热热酽酽的东西，使一切已凝的，一切凝着的，一切将凝的，都软洋洋弹着腰肢不自支持了。

书声还正琅琅然呢。我们寻诗的闲趣被窥人的热念给岔开了。从回廊下踅过去，两明一暗的三间屋，玻璃窗上帷子亦未下。天色其时尚未近黄昏；唯云天密吻，酿雪意的浓酣，阡陌明胸，积雪痕的寒皎，似乎全与迟暮合缘，催着黄昏快些来罢。至屋内的陈设，人物的须眉，已尽随年月日时的迁移，送进茫茫昧昧的乡土，在此也只好从缺。几个较鲜明的印象，尚可片片掇拾以告诸君的，是厚的棉门帘一个；肥短的旱烟袋一支；老黄色的《孟子》一册，上有银朱圈点，正翻到《离娄》篇首；照例还有白灰泥炉一个，高高的火苗窜着；以外……"算了罢，你不要在这儿写账哟！"

游览必终之以大嚼，是我们的惯例，这里边好像有鬼催着似的。我曾和我姊姊说过，"咱们以后不用说逛什么地方，老实说吃什么地方好了。"她虽付之一笑，却不斥我为胡闹，可见中非无故了。我且曾以之问过吾师。吾师说得尤妙，"好吃是文人的天性"，这更令我不便追问下去。因为既曰天性，已是第一因了。还要求它的因，似乎不很知趣。如理化学家说到电子，心理学家说到本能，生机哲学者说到什么"隐得而希"……

闲言少表。天性既不许有例外，谈到白雪，自然会归到一条条的白面上去。不过这种说法是很辱没胜地的，且有点文不对题。所以在江亭中吃的素面，只好割爱不谈。我只记得青汪汪的一炉火，温煦最先散在人的双颊上。那户外的尖风呜呜的独自去响。倚着北窗，恰好鸟瞰那南郊的旷莽积雪。玻璃上偶沾了几片鹅毛碎雪，更显得它的莹明不滓。雪固白得可爱，但它干净得尤好。酿雪的云，融雪的泥，各有各的意思；但总不如一半留着的雪痕，一半飘着的雪花，上上下下，迷眩难分的尤为美满。脚步声听不到，门帘也不动，屋里没有第三个人。我们手都插在衣袋里，悄对着那排向北的窗。窗外有几方妙绝的素雪装成的册页。累累的坟，弯弯的路，枝枝桠桠的树，高高低低的屋顶，都秃着白头，耸着白肩膀，危立在卷雪的北风之中。上边不见一只鸟儿展着翅，下边不见一条虫儿蠢然的动（或者要归功于我的近视眼），不用提路上的行人，更不用提马足车尘了。唯有背后已热的瓶笙吱吱的响，是为静之独一异品；然依昔人所谓"蝉噪林逾静"①的静这种诠释，它虽努力思与岑寂绝缘终久是失败的哟。死样的寂每每促生胎动的潜能，唯万寂之中留下一分两分的喧哗，使就烬的赤灰不致以内炎而重生烟焰；故未全枯寂的外缘正能孕育着止水一泓似的心境。这也无烦高谈妙谛，只当咱们清眠不熟的时光便可以稍稍体验这番悬谈了。闲闲的意想，乍生乍灭，如行云流水一般的不关痛痒，比强制吾心，一念不着的滋味如何？这想必有人能辨别的。

炉火使我们的颊热，素面使我们的胃饱，飘零的暮雪使我们的心越过越黯淡。我们到底不得不出去一

---

① 北齐《颜氏家训》引梁王籍《入若耶溪》诗："蝉噪林逾静，鸟鸣山更幽。"又宋辛弃疾《稼轩词》中《祝英台近》序中也有这一段故事。

走，到底不得不面迎着雪，脚踹着雪，齐向北快快的走。离亭数十步外有一土坡，上开着一家油厂；厂右有小小的断坟并立。从坟头的小碣，知道一个葬的是鹦鹉；一个名为香塚，想又是美人黄土那类把戏了。只是一件，油厂有狗，喜拦门乱吠。G君是怕狗的；因怕它咬，并怕那未必就吠的狗。而我又是怯登土坡的，雪覆着的坡子滑滑的难走，更有点望之生畏。故我们商量商量，还是别去为妙。

我们绕坡北去时，G君抬头而望（我记得其时狗没有吠）对我说，来年春归时，种些红杜鹃花在上面。我点点头。路上还商量着买杜鹃花的价钱。……现在呢，然而现在呢？我惆怅着夙愿的虚设。区区的愿原不妨辜负；然区区的愿亦未免辜负，则以外的岂不又可知了。——北京冬间早又见了三两寸的雪，而上海至今只是黯然的同云，说是酿雪，说是酿雪，而终于不来。这令我由不得追忆那年江亭玩雪的故事。

1924年1月12日

第三辑

花 未 眠

花未眠

川端康成*

我常常不可思议地思考一些微不足道的问题。昨日一来到热海的旅馆,旅馆的人拿来了与壁龛里的花不同的海棠花。我太劳顿,早早就入睡了。凌晨四点醒来,发现海棠花未眠。

发现花未眠,我大吃一惊。有葫芦花和夜来香,也有牵牛花和合欢花,这些花差不多都是昼夜绽放的。花在夜间是不眠的。这是众所周知的事。可我仿佛才明白过来。凌晨四点凝视海棠花,更觉得它美极了。它盛放,含有一种哀伤的美。

花未眠这众所周知的事,忽然成了新发现花的机缘。自然的美是无限的。人感受到的美却是有限的。

---

* 川端康成(1899—1972)日本作家,1968年获诺贝尔文学奖。代表作有《雪国》、《千只鹤》等。本文选自《川端康成散文》(上),叶渭渠译,北京:中国广播电视出版社1999年版。

正因为人感受美的能力是有限的，所以说人感受到的美是有限的，自然的美是无限的。至少人的一生中感受到的美是有限的，是很有限的，这是我的实际感受，也是我的感叹。人感受美的能力，既不是与时代同步前进，也不是伴随年龄而增长。凌晨四点的海棠花，应该说也是难能可贵的。如果说，一朵花很美，那么我有时就会不由得自语道：要活下去！

画家雷诺阿说：只要有点进步，那就是进一步接近死亡，是多么凄惨啊。他又说：我相信我还在进步。这是他临终的话。米开朗基罗[①]临终的话也是：事物好不容易如愿表现出来的时候，也就是死亡。米开朗基罗享年八十九岁。我喜欢他的用石膏套制的脸型。

毋宁说，感受美的能力，发展到一定程度是比较容易的。光凭头脑想象是困难的。美是邂逅所得。是亲近所得。这是需要反复陶冶的。比如唯一一件的古美术作品，成了美的启迪，成了美的开光[②]，这种情况确是很多。所以说，一朵花也是好的。

凝视着壁龛里摆着的一朵插花，我心里想道：与这同样的花自然开放的时候，我会这样仔细凝视它吗？只摘了一朵花插入花瓶，摆在壁龛里，我才凝神注视它。不仅限于花。就说文学吧，今天的小说家如同今天的歌人一样，一般都不怎么认真观察自然。大概认真观察的机会很少吧。壁龛里插上一朵花，要再挂上一幅花的画。这画的美，不亚于真花的当然不多。在

---

① 米开朗基罗（1475—1564）：意大利文艺复兴时期最伟大的艺术家之一，擅长雕刻、绘画等。

② 开光：佛语，谓佛像开眼之光明，亦称“开眼”。

这种情况下，要是画作拙劣，那么真花就更加显得美。就算画中花很美，可真花的美仍然是很显眼的。然而，我们仔细观赏画中花，却不怎么留心欣赏真的花。

李迪、钱舜举也好，宗达、光琳、御舟以及古径也好，许多时候我们是从他们描绘的花画中领略到真花的美。不仅限于花。最近我在书桌上摆上两件小青铜像，一件是罗丹创作的《女人的手》，一件是玛伊约尔[①]创作的《勒达像》[②]。光这两件作品也能看出罗丹和玛伊约尔的风格是迥然不同的。从罗丹的作品中可以体味到各种的手势，从玛伊约尔的作品中则可以领略到女人的肌肤。他们观察之仔细，不禁让人惊讶。

我家的狗产崽，小狗东倒西歪地迈步的时候，看见一只小狗的小小形象，我吓了一跳。因为它的形象和某种东西一模一样。我发觉原来它和宗达所画的小狗很相似。那是宗达水墨画中的一只在春草上的小狗的形象。我家喂养的是杂种狗，算不上什么好狗，但我深深理解宗达高尚的写实精神。

去年岁暮，我在京都观察晚霞，就觉得它同长次郎[③]使用的红色一模一样。我以前曾看见过长次郎制造的称之为夕暮的名茶碗。这只茶碗的黄色带红釉子，的确是日本黄昏的天色，它渗透到我的心中。我是在京都仰望真正的天空才想起茶碗来的。观赏这只茶碗的时候，我不由得浮现出坂本繁二郎的画来。那是一幅小画。画的是在荒原寂寞村庄的黄昏天空上，泛

① 玛伊约尔（1861—1944）：法国雕刻家。
② 勒达：希腊神话中斯巴达国国王之妻。
③ 长次郎：即田中长次郎（1516—1592），日本素陶制品的鼻祖。

起破碎而蓬乱的十字型云彩。这的确是日本黄昏的天色,它渗入我的心。坂本繁二郎画的霞彩,同长次郎制造的茶碗的颜色,都是日本色彩。在日暮时分的京都,我也想起了这幅画。于是,繁二郎的画、长次郎的茶碗和真正黄昏的天空,三者在我心中相互呼应,显得更美了。

那时候,我去本能寺拜谒浦上玉堂的墓,归途正是黄昏,翌日,我去岚山观赏赖山阳刻的玉堂碑。由于是冬天,没有人到岚山来参观。可我却第一次发现了岚山的美。以前我也曾来过几次,作为一般的名胜,我没有很好地欣赏它的美。岚山总是美的。自然总是美的。不过,有时候,这种美只是某些人看到罢了。

我之发现花未眠,大概也是由于我独自住在旅馆里,凌晨四时就醒来的缘故吧。

1950 年 5 月

七月的草地

理查德·杰弗里斯*

七月里有只苍蝇在绵长的草地上飞来飞去。它的双翼在它的四周形成了一个圈圈,犹如网状,扑扑不停地拍打着,宛如一朵云彩把它团团围绕住。当它飞过直立如树的草木时,一棵异常高的植物不时地挡住了它的去路,于是它就依附在那儿,然后眼睛就能从容地游目于双翼上的猩红斑点——那是无比可爱的颜色。风儿把草梗吹得晃晃悠悠的,苍蝇依附不住了,又在草木丛中飞走了。那些草木是禾科或是其他什么科属,或者叫些什么名目,它毫不在意。名目之于它毫无意义;它要做的一切,就是在灿烂的阳光里,旋转它那猩

---

* 理查德·杰弗里斯(1848—1887),英国散文家。著有小说《少年贝维斯的故事》、《清新的早晨》,散文集《田野和灌木树篱》、《露天》等。本文选自《英国经典散文》,杨自伍主编,杨自伍译,上海:上海文艺出版社2004年版。

红斑点的双翼,想栖息便栖息,然后继续地飞来飞去。一身鲜艳的猩红斑点,裹在紫红金黄的生命里,这可是一份喜悦呢。我觉得好奇;带着这种色彩的生灵,会不会感觉得到色彩的意味呢?玫瑰,在一束束阳光洒落在花园围墙上面之前,在朝露欲滴的清晨显得那么宁静,一定是感受到了自己芬芳馥郁的一份喜悦,一定是认识到了自己红色的花瓣那种细腻的色调。玫瑰沉眠于它的美丽之中。

苍蝇来回旋扑猩红斑点的双翼,往身上涂抹着阳光,和沙滩上嬉耍的孩子们一样。苍蝇想不到什么草地太阳;它才不去理会它们——所以显得那么快活——比光脚丫的孩子们来得快活,他们总要东问西问的,比如为什么那里有大海啦,落潮的时候为什么海水不会彻底干枯啦。苍蝇是无意识的;它生活而不寻思生活;假如阳光夜以继日地照耀下去,它还嫌时间不够长呢。永不嫌多,太阳和婆娑滑落的阴影永远都不嫌多,它们宛若一只纤手伸向桌子的对面,情意缠绵地落在我们的肩膀;芳香如花的草地也永不嫌多,即使我们能够长寿永年,寿命和起起落落的潮汐次数不相上下,一连四年倒计朝朝夕夕的光阴,直至我们发现是先有黑夜,还是先有白昼。猩红斑点的苍蝇对草木的名目一无所知,它们生长在靠近海边的草皮上,一想到苍蝇,我便决定再也不去刻意记住任何草木的名目了。我把那一大本草木科属的书落在家里了,烫金的封面上渐渐积起了灰尘。今天早晨我采了一把我也叫不出名目的草木。我要坐在这块草皮上,猩红斑点的苍蝇不会理睬我的,仿佛我不过是一株草木。我不要思想,我要失去意识，我要生活。

听！那是夏日低婉的淙淙鳞波，拍打着碧绿的海水下面裸露的岩石。美丽的一切都是无意之中发现的，美好的一切也是如此。我身边有一块祈祷用的方毯，大小恰好容膝，是华丽的金黄和嫣红双色交织的。东方历代的苏丹王从来没有如此漂亮的跪毯。它确实太漂亮了，跪在上面多不忍心，置身于金灿灿的鲜花丛中，即使为了祈祷，也不该折损它们的生命。不该毁坏它们的容颜，一根花茎也不能折弯。比较恭敬的态度就是别跪在鲜花上，因为这一方跪毯代表了祈祷的心意。我要坐在它旁边，让它为我祈祷。多么平凡的牛角花呀，遍地生长；不过我要是一连几天有心探寻，我就发现不了这么一块草地，五色纷披，金光烨烨，日照之下流光溢彩。你或许从这里大步流星地走过去，然而值得你回想一周，追忆一年。细细长长的草木，修枝纤柯错落有致，花粉点缀着枝梢，形若球果，层见叠出——弱不禁风，所以总长不高——在山冈的脚下丛簇生长。它们不敢长高，否则一时刮风，啪嗒一声，众芳折腰。一株茁壮粗大的绿枝，在树篱旁长得足有三英尺，顶端差不多又有一英尺高，苍翠入目，挺拔雄展，昂首向你召唤；你应该赞美一句："青青绿枝，英姿勃发！"这些草木的芒刺接二连三地伸了出来；这些草木的顶端仿佛抹去了棱角；有些低垂在下面矮矮的叶片上；还有一些你只能在拨开它们周围的累累丛翠的时候发现它们；林林总总，百叶千枝，千条万缕。干燥的山冈顶上，威严森然的罂粟对它们却不屑一顾，群氓之流多如牛毛，举不胜举。神气活现的罂粟，它们是无花无果的一族，七月野地里的君主，不能深深地扎根，只是绚丽夺目红烂漫，一时风光如云烟过眼。它们毫无用处，它们充满苦味，它们总和沉睡、毒药、漫漫长夜连在一起；可是它们不是寻常之物，所以得到宽恕。不论什么东西，哪怕遍地皆是，都不会使罂粟变成寻常之物。它们具有一种天赋，色彩的天赋，于是它们得以幸免。即使它们占据了谷物的耕地，我们还是啧啧赞叹。成群成簇的青枝绿叶漫山遍野，层叠盘错，苍茫无际，走遍五湖四海的牧场和草地，看不到跟百草之王罂粟相似之处。统治者历来是外夷。从英格兰到华夏，本国人绝当不上国王；罂粟即为野地里的征服者。山冈上有一株罂粟太美了，花瓣舒展，色泽晶莹如丝，色度比其他的深三分——绯红近似赭色。我希望不只是凝望着赤橙红绿的五彩缤纷，不只是观赏而已，不完全是如饮佳酿如吸芳香，而是不知不觉把它化为我生命的一部分，这样便可以体验它的生活。

要想探寻七月的草木，就该去那些角隅之地和偏僻的去处，而不是在辽阔的土地上——镰刀已经夺走了它们的生命。在小路土坡的旁边，靠近通道的地方——看一眼，还有呢，在不引人注目的地方，那些土堆上没有竣工的建筑物的后面；楼房拔地而起，地基已经为人遗忘，这里昔日的遐想荡然无存。那些地方野草丛生，无拘无束，要在别处它们就找不到憩息之地；罕见的品种和硕大的植物奇巧百出。就像每件人们寻觅的东西一样，奇花异草偏在希望不大的情况下为人发现。在池塘后面，在林地的方圆之内，在麦田的角角落落，在古老的采石场，该去这些地方寻花觅草，或者走入令人不快的沼泽地来到海边。有些赏心悦目的花草偏偏生长在路边;你不妨在沟沟坎坎的小路上寻觅一番,也可以朝溪边空心的树干里张望几眼。一上午你信手拾掇,便可抱着一大扎花草满载而归。把粗大一些的梗茎斜割一刀,比如芦苇,俨然扎根于绿油油的草地。你一边摘采,一边要琢磨,比如梗茎的高度和细嫩,低垂和弯曲的程度,花序的形状色彩,花粉的浓淡,风中的婆娑摇曳。你是可以带回家一束花草,可是吹拂花草的风儿却始终空空如也。

树林和草原

屠格涅夫*

……于是开始渐渐地吸引他
归去:到乡村去,到浓荫蔽日的花园里去,
那里菩提树巍峨参天,绿荫一片,
铃兰花散发出贞洁的芳香,
那里一行圆冠的杨柳,
从堤岸上覆盖着水面,
那里茂密的橡树耸立在茂草丛生的田地上,
那里弥漫着大麻和荨麻的气味……
回到那里,回到广袤的原野,
那里的黑土柔软如绒,
无论您放眼何处,

---

* 屠格涅夫(1818—1883),俄国小说家、散文家。代表作有《父与子》、《罗亭》、《猎人笔记》等。本文选自《屠格涅夫散文选》,张守仁译,天津:百花文艺出版社1986年版。

那里的黑麦都荡漾着轻柔的波浪。
从那透明、洁白的云团里，
沉甸甸地射出金色的阳光；
那里多么美好……

（摘自待焚的诗篇）

也许，读者对我的笔记已经感到厌烦了。赶快告慰他，除了这里发表的几个片断外，我不再写什么了。但是，和他分别之际，我不能不说几句关于打猎的话。

扛着猎枪、带着猎狗去打猎，这件事单独本身，正像古时候说的 für sich①，是很美妙的事情。即使您生来并不是个猎人，但您总会热爱大自然吧，所以您不可能不羡慕我们这些兄弟……请您听着吧。

比如说，您知道春天里黎明前乘车外出的乐趣吗？您走到台阶上……深灰色的天空里几处地方闪烁着星星，湿润的风儿时而像微波似的荡来，听得见压抑的、模糊的夜声，笼罩在浓荫里的树木的低声絮语。仆人把毛毯铺在马车上，把装着茶炊的箱子搁在脚边。拉车的马儿瑟缩着身子，打着响鼻，神气地捣动着蹄子；一对刚刚醒来的白鹅，默默地蹒跚着穿过道路。篱笆后的花园里，看守人安宁地打着鼾声。每一声仿佛都停留在凝滞的空气里，滞留不散。现在您坐到车子里，马儿一下子动身了，马车辚辚地碾过大地……您乘着车子，经过教堂，到山脚下向右一拐，驰过堤岸……池塘刚刚开始蒸腾起雾气。您稍感寒冷，您翻起大衣领子遮住脸面，您打着瞌睡。马儿哗哗地趟过水洼，车夫

① für sich：德语，单独本身。

打着口哨。您大约定了四俄里……天边发红了。乌鸦在白桦林中醒来,笨拙地飞来飞去。麻雀在黑魆魆的草垛附近吱吱喳喳叫着。空气发亮了,道路明显了,天空明朗了,云彩泛白,田野翠绿。农舍里的松明燃烧着红色的火焰,听得见门后喃喃着睡眼惺忪的语声。这时候朝霞灿烂,金色的光带已经弥漫天际。峡谷里水气氤氲,云雀在嘹亮地歌唱,黎明前的风儿吹拂着——于是鲜红的太阳悄悄地升起。光明潮水般泻来。您的心儿像鸟儿似的扑腾着。新鲜,欢乐,美好!周围视野辽阔。瞧,从林后面有个村子。再远处是建有白色教堂的另一个村子,山上有座小白桦林,林后就是您要去的沼泽地……快点吧,马儿,快点吧!迈开大步往前冲!……至多只有三俄里了。太阳迅速升起,天空澄碧无云……是个出色的天气。一群牲口从村子里向我们迎面走来。您登上了山顶……多美的景色!河流蜿蜒,绵延长达十俄里左右;穿越雾气,它呈现出暗蓝的色泽。河那边是水灵灵的绿色草地,草地那边耸起倾斜的丘陵。远处有几只凤头麦鸡啼叫着,盘旋在沼泽上空。穿越流泻于空中的湿润的光辉,远处的地平线清晰地呈现了出来……现在不像夏天那样。胸脯呼吸得多么自由,四肢活动得多么有朝气,感受着春天清新的气息。浑身觉得多么健壮!……

夏天七月的早晨!除了猎人,谁能体验到黎明时分流连于灌木林中的乐趣?缀满白露的草地上,留下您一行绿色的足迹。您拨开潮湿的灌木,夜里蕴蓄起来的一股暖气向您袭来。空气里充溢着艾蒿清新的苦味、荞麦和三叶草的甜味。橡树林像一座墙似的耸立在远方，在阳光下闪烁、发红。虽然清凉，但已感到热气的来临。浓郁的芳香，熏得脑袋懒洋洋地晕眩起来。灌木林没有尽头……只是在远处几个地方，可以见到正在成熟的发黄的黑麦，一小畦一小畦发红的荞麦。马车轧轧作响。农夫缓步踱来，预先把马牵到树荫下……您跟他打了一声招呼，继续前进——在您身后响起了镰刀的铿锵声。太阳愈升愈高。草上的露水很快就被晒干了。已经感到炎热了。过了一小时，又一小时……天空的边沿开始发暗。凝然不动的空气里，喷射出刺人的闷热。

"兄弟，哪儿可以弄点水喝？"您问一个割草人。

"那边，山谷里，有眼井。"

越过杂生着野草的、密密的榛树林，您下到谷底。不错，紧挨在悬崖下，藏有一泓清泉。橡树林贪婪地伸展开它那茂密的枝梢，覆盖着泉水。大颗大颗银白的水珠，晃动着，从铺着一层轻绒似的苍苔的水底冒上来。您趴到地上，您喝个够，但您懒得动弹了。您躺在阴凉里，您呼吸着芳香的湿气。您感到舒服，可是您对面的灌木林，在阳光下炙烤着，仿佛变黄了。这是什么？风儿突然吹来，猛刮过去。周围的空气振动了：这是雷声吧？您从山谷里走出来……天穹里为什么出观铅灰色的云带？天气是否更加郁闷了？乌云是否要涌来了？……瞧，闪电微弱地亮了一下……哦，雷雨要来啦！周围还普照着阳光，还可以打猎。但是乌云膨胀起来了，它的前沿像只袖子似的伸展开来，又像穹隆似的弯垂下来。青草，丛林，一切都突然变暗……快走！瞧，前面仿佛是座草棚……快走！……您奔跑着，走进去……多大的雨，多亮的闪！有几处雨水渗过草屋顶，滴落在香喷喷的干草上……现在太阳又照耀起来。雷雨过去了，您走出来。我的天啊，周围的一切闪出那么愉悦的光彩，空气多么清新澄澈，草莓和蘑菇多么芬芳！……

但是，傍晚临近了。晚霞像大火似的烧燃着，弥漫了半个天空。夕阳快落山了。附近的空气显得特别透明，仿佛水晶一般。远处降下来轻柔的、显得暖和的雾气。红光和露水一齐降落到林中空地上，这里不久前还沐浴在熔金般的光焰之中。树木、丛林、高高的草堆，都投下了长长的影子……太阳完全隐没了。星星眨着眼睛，在落霞的火海里颤抖……天空的颜色淡了，青了。孤零零的影子消失了，空气里弥漫着雾气。是归去的时候了，回到村里，回到您夜宿的农舍。您把猎枪背到肩后，尽管疲惫不堪，还是快步走着……这时夜幕降临，已经看不清二十步外的景物，黑暗中猎狗依稀可见。在那黑魆魆的丛林上面，天边模模糊糊地明亮起来……这是什么？是火灾吗？……不，这是月亮升起来了。瞧，下面右前方，已经亮起了村里的灯光……终于走到了您的农舍，透过小窗，您看见了铺着白桌布的餐桌，点亮的蜡烛和晚餐……

有时您吩咐套上轻便马车，到林子里去猎松鸡。驰过高高的黑麦田中间的小路，多么欢快。麦穗轻拂着您的脸，矢车菊绊住您的腿，周围的鹌鹑鸣叫着，马儿迈着懒洋洋的步子。树林子到了。阴凉，宁静。端庄匀称的白杨树，高耸在您的头上絮语；白桦树细长、纷披的枝梢，轻轻摇动；魁梧的橡树，像战士似的，挺立在秀美的菩提树旁边。您驰过绿影斑驳的小路,黄头大苍蝇停滞在金色的空气里,又倏地飞去;蛾子上上下下飞旋着,在树荫里显出白影,在阳光下显出黑影。鸟儿安闲地叫着。饶舌的鸲鸟的金嗓子,天真烂漫地欢叫着:这种鸟语,正好和铃兰花的芳香互相配合。继续前进,继续前进,深入到林子里去……林中万籁无声……一种不可言说的静谧,袭上心头。周围是如此充满睡意,一片寂静。吹来了一阵风,于是树梢喧哗起来,宛如涛声一般。拱开去年的黄叶,这里那里长出了茂草。各种蘑菇,分别顶着自己的小帽子。蓦地蹿出一只雪兔,猎狗汪汪吠叫着,跟踪追去……

深秋,当山鹬鸟飞来的时候,这同一座林子变得多少迷人!山鹬并不栖息在密林深处,得沿着林边去寻找它们。没有风,也没有阳光,没有树荫,草木不动,无声无息。柔和的空气里,弥漫着秋天那种类似葡萄酒味的香气。远处黄澄澄的田野上,笼罩着薄雾。穿过脱尽叶子的、棕褐色的树枝,可见一片宁静的天空。这里那里,菩提树上挂着最后几片金色的树叶。潮湿的泥土踩下去富有弹性。高高的干草一动不动。在颜色变淡的草叶上,闪烁着长长的游丝。胸口呼吸自然,可心底袭来一种莫名的不安。您走在林边,眼睛盯着猎狗,同时回想起了心爱的形象,心爱的人物,死去的人和活着的人。早就淡忘的印象,突然清晰起来。想象似小鸟一般展翅飞翔,一切如此鲜明地呈现在眼前。心儿一会儿突然怦怦跳动,热切地向往着未来,一会儿又不可挽回地沉湎于回忆之中。整个一生像一卷手稿那样,轻易地迅速展开。此时人掌握了他的一切往事,全部感情、力量，整个自己的灵魂。周围没有什么东西妨碍他——既没有太阳，也没有风儿，没有声音……

而在晴朗的、稍稍有点寒冷的、早晨结有冰霜的秋日里，白桦树像神话中的树木那样，浑身金光闪闪，在蔚蓝色的天幕下，呈现出美丽的剪影；低低的太阳已不炎热，但却比夏天照得更明亮；不大的白杨林透明地闪耀着，仿佛它脱尽了叶子更觉得轻松愉快；霜花还在山谷底部银光熠熠，清新的风儿轻轻地吹赶着蜷缩的落叶；河上欢奔着蓝色的波涛，有节奏地托起散游在水面上的鹅、鸭；远处柳树掩映的磨坊轧轧作响，鸽群在明朗的天空中闪闪发光，迅速盘旋于磨坊之上……

夏天有雾的日子也很美妙，虽然猎人们并不喜欢它们。在这样的日子里不能打枪：鸟儿刚从您脚下飞起，立刻就消失在白茫茫的、凝然不动的雾霭之中。可是周围的一切多么宁静，一种不可言说的宁静！万物都已醒来，万物沉寂无声。您经过一棵树木，它一动不动，清闲自在。透过弥漫在空中的薄雾，在您面前呈现一长条黑乎乎的带子。您把它当作是附近的林子。您走过去，林子变成了田埂上一垅高高的蒿草。您的周围上下，——到处是雾……可是吹来一阵轻风，一小块淡蓝的天空，穿越薄如烟云的雾气，模模糊糊地露了出来；一缕金黄色的阳光蓦地闯入进来，长长地流泻着，照耀着田野，照射着丛林——旋即一切又归于云苫雾罩。这一较量持久地进行着。但当光明终于取得胜利，最后一团团蒸热的雾气或像布幅似的铺展开来，或盘旋而上，消失在阳光和煦的高空里之后，天气变得无法形容地美好、晴朗……

现在您收拾行装，到远离庄园的旷野去，到草原上去。您在乡间土路上走了十来俄里，终于走上了大道。经过望不见头尾的大车队，经过大门洞开、门前有口井、檐下茶炊咝咝作响的小客店，驰过无边无际的田野，沿着翠绿的大麻田，从一个村子到另一个村子，您长时间地乘车前进。喜鹊在柳丛里飞来飞去。手拿长耙子的农妇，在田野里蹒跚着步子。一个行路人穿着破烂的土布外套，肩上背着行囊，疲惫不堪地踯躅着。地主家笨重的马车，套上六匹疲乏的高头大马，向您迎面驶来。车窗里露出一角坐垫。身穿大衣的仆人，手拉着绳子，铺着蒲包，侧身坐在马车后面的脚镫上，浑身溅满了泥浆。前面是一座小县城，倾斜的木板小屋，很长很长的栅栏，商人们空关着的石头房子，深谷上架起的古老的桥梁……向前，向前！……进入了草原地带。从山上眺望，多美的景色！一座座低矮的丘陵，被农夫们耕种到顶部，像巨浪似的起伏着。灌木丛生的山谷蜿蜒其间。星散各处的小树林子，像一座座椭圆的绿岛。一条条小径从村子通向村子。礼拜堂的白墙很醒目。小河在柳丛中闪闪发光，有四个地方筑上了堤坝。远处田野里鹤立着一行野鸟。在小池塘边，建有一所老式的贵族宅院，附有库房、果园和打谷场。但您继续前进。丘陵越来越小，树木几乎看不到了。终于，您来到了一望无际的草原！

而在冬日里，您可以跨越雪堆去追逐兔子，呼吸凛冽、刺骨的空气，软雪炫目的反光使您情不自禁地眯起眼睛，您可以欣赏有点儿发红的林子上面蓝色的天空！……而在初春的日子里，周围的一切在闪烁，在溶化；

透过融雪的重雾，已经蒸腾起大地的热气；在化雪的上空，斜射的阳光下，云雀安详地鸣啭着；春水在欢笑、在喧闹，从山谷向山谷奔流……

不过，现在应该结束了。我顺便提到了春天，春天容易离别，春天召唤着幸福者奔向远方……别了，读者。我祝您永久平安。

自然与人生

德富芦花*

此刻的富士的黎明

（明治三十一年一月记）

请有心人看一看此刻的富士的黎明。

午前六时过后，就站在逗子的海滨眺望吧。眼前是水雾浩荡的相模滩。滩的尽头，沿水平线可以看到微暗的蓝色。若在北端望不见相同蓝色的富士，那你也许不知道它正潜隐于足柄、箱根、伊豆等群山的一抹蓝色之中呢。

海，山，仍在沉睡。

唯有一抹蔷薇色的光，低低浮在富士峰巅，左右横斜着。忍着寒冷，再站着看一会吧。你会看到这蔷薇

---

* 德富芦花（1868—1927），日本著名作家。代表作有小说《不如归》、散文集《自然与人生》。本文选自《日本经典散文》，高慧勤主编，陈德文译，上海：上海文艺出版社2004年版。

色的光，一秒一秒，沿着富士之巅向下爬动。一丈，五尺，三尺，一尺，而至于一寸。

富士这才从熟睡中醒来。

它现在醒了。看吧，山峰东面的一角，变成蔷薇色了。

看吧，请不要眨一下眼睛。富士山巅的红霞，眼看将富士黎明前的暗影驱赶下来了。一分——两分——肩头——胸前。看吧，那伫立于天边的珊瑚般的富士，那桃红溢香的雪肤，整座山变得玲珑剔透了。

富士于薄红中醒来。请将眼睛下移。红霞早已罩在最北面的大山顶上了。接着，很快波及到足柄山，又转移到箱根山。看吧，黎明正脚步匆匆追赶着黑夜。红追而蓝奔，伊豆的连山早已一派桃红。

当黎明红色的脚步越过伊豆山脉南端的天城山的时候，请把你的眼睛转回富士山下吧。你会看到紫色的红之岛一带，忽而有两三点金帆，闪闪烁烁。

海已经醒了。

你若伫立良久仍然毫无倦意，那就再看看江之岛对面的腰越岬赫然苏醒的情景吧。接着再看看小坪岬。还可以再站一会儿，当面前映着你颀长的身影的时候，你会看到相模滩水气渐收，海光一碧，波明如镜。此时，抬眼仰望，群山褪了红妆，天由鹅黄变成淡蓝。白雪富士，高倚晴空。

啊，请有心人看一看此刻的富士的黎明。

大海日出

撼枕的涛声将我从梦中惊醒，随起身打开房门。此时正是明治二十九年十一月四日清晨，我正在铫子的水明楼之上，楼下就是太平洋。

凌晨四时过后，海上仍然一片昏黑。只有澎湃的涛声。遥望东方，沿水平线露出一带鱼肚白。再上面是湛蓝的天空，挂着一弯金弓般的月亮，光洁清雅，仿佛在镇守东瀛。左首伸出黑黝黝的犬吠岬。岬角尖端灯塔上的旋转灯，在陆海之间不停地划出一轮轮白色的光环。

一会儿，晓风凛冽，掠过青黑色的大海。夜幕从东方次第揭开。微明的晨光，踏着青白的波涛由远而近。海浪拍击着黑色的矶岸，越来越清晰可辨。举目仰望，那晓月不知何时由一弯金弓化为一弯银弓。蒙蒙东天也次第染上了清澄的黄色。银白的浪花和黝黑的波谷在浩渺的大海上明灭。夜梦犹在海上徘徊，而东边的天空已睁开眼睫。太平洋的黑夜就要消逝了。

这时，曙光如鲜花绽放，如水波四散。天空，海面，一派光明，海水渐渐泛白，东方天际越发呈现出黄色。晓月、灯塔自然地黯淡下来，最后再也寻不着了。此时，一队候鸟宛如太阳的使者掠过大海。万顷波涛尽皆企望着东方，发出一种期待的喧闹——无形之声充满四方。

五分钟过去了——十分钟过去了。眼看着东方迸射出金光。忽然，海边浮出了一点猩红，多么迅速，使人无暇想到这是日出。屏息注视,霎时,海神高擎手臂。只见红点出水,渐次化作金线,金梳,金蹄。随后,旋即一摇,摆脱了水面。红日出海,霞光万斛,朝阳喷彩,千里熔金。大洋之上,长蛇飞动,直奔眼底。面前的矶岸顿时卷起两丈多高的金色雪浪。

相模滩落日

秋冬之风完全停息,傍晚的天空万里无云。伫立遥远伊豆山上的落日,使人难以想到,世上竟还有这么多平和的景象。

落日由衔山到全然沉入地表,需要三分钟。

太阳刚刚西斜时,富士、相豆的一带连山,轻烟迷蒙。太阳即所谓白日,银光灿灿,令人目眩。群山也眯细了眼睛。

太阳越发西斜了。富士和相豆的群山次第变成紫色。

太阳更加西斜了。富士和相豆的群山紫色的肌肤上染了一层金烟。

此时,站在海滨远望,落日流过海面,直达我的足下。海上的船只尽皆放射出金光。逗子滨海一带的山峦、沙滩、人家、松林、行人,还有翻转的竹篓,散落的草屑,无不现出火红的颜色。

在风平浪静的黄昏观看落日,大有守侍圣哲临终之感。庄严之极,平和之至。纵然一个凡夫俗子,也会感到已将身子包裹于灵光之中,肉体消融,只留下灵魂端然伫立于永恒的海滨之上。

有物，幽然浸乎心中，言“喜”则过之，言“哀”则未及。

落日渐沉，接近伊豆山巅。相豆山忽而变成孔雀蓝，唯有富士山头于绛紫中依然闪着金光。

伊豆山已经衔住落日。太阳落一分，浮在海面上的霞光就后退八里。夕阳从容不迫地一寸又一寸，一分又一分，顾盼着行将离别的世界，悠悠然沉落下去。

终于剩下最后一分了。它猛然一沉，变成一弯秀眉，眉又变成线，线又变成点——倏忽化作乌有。

举目仰视，世界没有了太阳。光明消逝，海山苍茫，万物忧戚。

太阳沉没了。忽然，余光上射，万箭齐发。遥望西天，一片金黄。伟人故去皆如是矣。

日落之后，富士蒙上一层青色。不一会儿，西天的金色化作朱红，继而转为灰白，最后变得青碧一色。相模滩上空，明星荧荧。它们是太阳的遗孽，看起来仿佛在昭示着明天的日出。

山 百 合

（明治三十三年六月十日记）

后山山腹长满了葱茏茂密的萱草。中间点缀着一两棵山百合。白花初放，犹如暗夜的明星。转眼之间，很快开满山麓，含笑迎风。而今，这花比午夜的星星还多。

登山访花，花儿藏在深深的茅草丛里，不易发现。

归来站在自家庭院里眺望，百花含笑，要比茅草秀美得多。

朝露满山，花也沉沉欲睡了。

黄昏的风轻轻吹拂，满山茅草漾起了青波。花在波里漂浮，宛若摇曳在水里的藻花。

太阳落了，山间昏暗起来，只剩下点点白花，显得有些惨淡。

又

住在东京的时候，曾经就百合做过如下的记载：

“早晨听到门外传来卖花翁的声音，出去一看，只见他担着夏菊、吾妻菊等黄紫相间的花儿，中间杂着两三枝百合。随即全部买下，插入瓷瓶，置于我的书桌之右。清香满室。有时于蟹行鸟迹之中倦怠了，移目对此君，神思转而飞向青山深处。”

夏季的花中，我最爱牵牛和百合。百合之中尤其爱白百合和山百合。编制百花谱的许六[①]翁，一口咬定百合为俗物。然而，浓妆艳抹的红百合，又怎能包括清幽绝伦的白百合呢？不要把我当作似是而非的风流人物吧。身处于人如云事如雨的帝都的中央，处于忙里更忙、急中更急的境遇的中央，心境时常记挂着春芜秋野之外的事物。对于一个不事农桑的人来说，买花钱就是我的活命钱。

我自从买下这瓶百合花，白天作为案旁密友，夜里

---

① 许六：森川许六（1656—1715），江户中期俳句诗人，“蕉门十哲”之一。他还长于画技，著有《韵塞》、《篇突》、《风俗文选》等书。

拿到中庭，任凭星月照耀，夜露洗涤。早晨起来打开挡雨窗，首先映入眼帘的即是此君。一夜之间，减少了几个蓓蕾，增添了几朵鲜花。我从井里打来新水浇灌。水喷洒着花叶，带着粒粒露珠，随后放置于回廊之上。绿叶淋水，青翠欲流，新花初放，不含纤尘。日复一日，今天蓓蕾，明朝鲜花。今日残花，为昨天所开。热热闹闹开上一阵随即衰落，花座渐次向梢头转移。看吧，六千年世界的变迁，从这枝百合花的盛衰上也可表现出来。

对花沉思，想起了游房州的那个时候。夏还是浅浅的。我没有人相伴，时常一个人孤独地登上海边的山岭。镜之浦平滑如明镜，浮着一两点小船。矶山的绿色同海色相映照。四处阒无人声，只有阳光充溢天地。矶山渐次投入海面的部分，略显突兀，露出了岩石的肌肤。坐在这座山岩之上，白日亦可入梦。这时，一阵香风悄然而过，回头一看，一枝百合正立于我的背后。

对花沉思，想起了游相州山的那个时候。这地方即使一抔黄土也包含着历史。在倚山茅屋旁边，陡峭的石壁之上，幽深的古老洞穴里，古代英雄长眠的地方，细谷川流经之地，杉树荫下，小竹园中……随处都能看到白色的花朵。有时遇到背草的儿童，草篮上也插着两三枝。有时走在蛙声如鼓的田间小路上，猛然抬头，看见前面有饭粒般的青山。遍山萱草丛生，犹如山岳女神的头发，其间到处点缀着无数山百合，简直像自己亲手簪上去的。无风时，天鹅绒般的绿毯上织满了白色的花纹。一阵风吹来，满山茅草绿波摇荡，那无数白花宛若水面上漂动着的浮萍。

对花沉思，想起那次夏山早行的时候。山间早晨雾气冷，单衣更感肌肤寒。路越走越窄。山上松椎繁茂，山下细竹丛生。披草而行，满山露水尽沾裳。微风过后，送来一阵幽香。定睛细看，一枝山百合杂在细竹丛中开放。趟着齐膝的露水将它攀折。花朵如一只白玉杯，杯中夜露顿时倾注下来，打湿了我的衣裳。亲手折花，清香盈袖。

对花沉思，想起那高洁的仙女的面影。清香熏德，永葆洁白之色。生在荒草离离的浮世，而不杂于浮世。她虽然悲天悯人，泪滴凝露，面对忧愁，但时常仰望天日，双目充满希望的微笑。它生在无人知晓的山中，独自荣枯，无以为憾。在山则花开于山，移园则香熏于园。盛开时不矜夸，衰谢时不悔恨。清雅过世，归于永恒的春天。这天使的清秀的面影，不正是白百合的精神所在吗？

案头一瓶百合。我每对之，则感到神游于清绝幽胜之境。每有邪思杂念，看到此花则面红耳赤。啊，百合啊，两千年前，你开在犹太人的土地上。你在人的眼里，是永远传递真理讯息的象征。百合呵，你开在一个陌生国家的园囿里。百合呵，愿你将清香一半分赠予我吧。

松林一夜

斯蒂文森*

晚饭过后，尽管天色已晚，我还是由布莱马①动身出发，从洛泽尔山的一隅登临而上。顺着坎坷多石的牲口道往上走，一路上，我遇到一些下山的牛车三三两两从山林里出来，每辆车上都满载着一株大松树，那是为过冬备的柴。在这料峭寒岭上不用往上走多远，就到了山林的顶头，从那儿往左拐，沿着松林间的曲径走去，我来到一处绿草如茵的幽谷。潺潺溪流从岩石里涌出，形成一股小喷泉，正好为我做个水龙头。“一个颇为神圣、幽静的林阴处，宁芙不常往来，也无斐尼斯

---

* 斯蒂文森(1850—1894)，英国作家。主要作品有《内河航程》、《驼背旅程》、《给少男少女》、《金银岛》等。本文选自《外国散文三百篇》(第二卷)，林非主编，李晓红、王兆胜选编，罗务恒译，北京：中国社会科学出版社2003年版。

① 布莱马：地名，在法国境内。

出入。”[①]环绕着林间空地的树木虽不是参天古松，却也枝叶扶疏，长得十分茂密。除了东北方隐约的山尖和头顶上的天穹之外，看不到什么别的景物。这里隐秘得像间屋子，野营是安全可靠的。等我安顿妥当，给牲口牡丝太恩[②]喂过饲料，夕阳已向西沉了。我坐下来把双腿塞进睡袋，敞开肚皮饱餐了一顿。等到太阳一落山，我就拿帽子遮住眼睛，很快地睡着了。

呆在家里过夜是死气沉沉、单调乏味的。但在野外，有星辰、露水和花草芬芳的伴随，有大自然景象的变化，时光消磨得十分轻松。如果说把人们窒息在四壁幔帏之中简直是一种慢性杀戮，那么只有在野外露宿的人才可能有恬适的睡眠。整个夜晚，人们都能够听到大自然深沉而酣畅的鼻息，即使是大自然憩息的时刻，她仍然在活动，在微笑。深居简出的人体会不到这样活跃的时候；沉睡的大地苏醒时，整个露天世界就动起来了。那时节雄鸡首先鸣啼，要说它在宣告黎明来临，不如说它像个快活的更夫在催时辰。牛群在牧场上醒来，羊儿在洒满露珠的山腰上吃草，又把新窝迁到羊齿草丛之中。和鸟兽做伴、漂泊无家的人，睁开惺忪的睡眼，注视着这夜的美景。

我在松林里醒来，口渴得很。半满的水罐就在身边，我一口气把它喝干了。沁人心脾的“圣水”一下肚，顿时感觉到格外清醒。我坐起来，点燃一支烟。头上群星晶莹、璀璨、清晰而不朦胧。银河是淡淡的一片

---

① 这里引的是英国17世纪诗人弥尔顿《失乐园》中的诗句。宁芙和斐尼斯，皆为神话传说中的水边、林中的神妖。

② 牡丝太恩：作者旅行时所骑坐驴的名字。

星云。我四周黑黝黝的枞树树梢笔直，亭亭而立。在白色的驮鞍旁，看得到牡丝太恩在栓桩周围挪来绕去，听得到它不停地咀嚼青草的声音。小溪从岩石上淌过，倾吐着不可名状的喁喁话语。除此之外，四下阒然无声。我懒洋洋地躺着，一边抽烟，一边端详人们称之为“穹隆”的天空的色彩，观赏在松林背后，繁星之间呈现出的淡淡红灰色和黯蓝的亮光。

习习微风，与其说是气流，不如说是一副飘然而至的清凉剂，时时吹进林间空地中来。整个夜晚，我这间“大卧室”里的空气因此而保持着清新。相对我们蜷缩其间的房屋而言，野外毕竟是一处更为舒适的温柔乡。造物每夜都在野外提供房星、床褥，等候人们去享用。我自恃重新为生番蛮族揭示了一个真理，这是被政治经济学家们淹没的事实。至少，我为自己寻得了新的乐趣。

我躺在地上，正沉溺于满足，沉浸在遐想之中，忽听得透过松林传来一阵微弱的声响。开始我以为是远处农舍传来的鸡鸣狗吠声，渐渐地，这声音越来越清晰，我这才意识到是有人正在山谷道上赶路，而且是一边行走一边大声地唱着歌。他的演唱与其说优雅动听，毋宁说是精神感人。那憋足了气的嗓音在山间回荡，葳蕤溪谷中的空气都颤抖起来了。夜半时分仍在外面活动的人都多少有些神秘色彩，此刻的浪漫气氛就更浓了：一边，是这快活的过路人，乘着酒兴，扯着喉咙唱歌；一边，是我，双腿裹在睡袋里，在距离星空仅四五千英尺之遥的松林中，独自一个抽着烟。

当我再度醒来时（9 月 29 日，星期天），星星大多消失了，只有那些较亮的夜的伴侣仍在头顶上闪烁发光。往东边，我看到地平线上淡淡的朝霞，宛如我昨夜醒来时所见银河的一片雾霭。天快要亮了。我点亮提灯，借着荧荧烛光，穿上靴子，扎好绑腿，弄些碎面包给牡丝太恩吃，又让它喝足了水。然后，点燃酒精灯，为我自己煮了点巧克力。先前我香甜地酣睡时，浓重的夜色长久地笼罩着这林间空地。现在，沿着维瓦雷山顶是一大片橘红、金黄交相辉映的色彩。当太阳喷薄欲出的时候，一阕庄严的乐曲在我心中奏响，我听到了小溪愉快的欢唱。我打量一番四周，是否更美，更加异常。但除了天色之外，黛色的松林，空旷的林地，嚼草的驴子，一切都依然如故。不过晨曦确实使一切焕发出生命的元气，带来一种安宁的气息，使我在心情上感受到一种未曾体验过的振奋。

将那虽不丰裕，但却滚烫的巧克力茶喝完，我在林地周围遛了遛。当我盘桓之际，一股持续的风，如同一声喟然长叹，从东方日边直吹过来。风是凉飕飕的，弄得我都打起喷嚏来了，身旁的树木在风中摇曳着枝叶。往金色的东方，我能看到远处山巅稀疏的松林树尖在微微地晃动。十分钟以后，阳光沿着山峦边缘飞速地伸延，给群山投下一些阴影，带来无限光明。天大亮了。

柿　叶

新村出 *

唐朝段成式①的随笔《酉阳杂俎》中已记有名为“柿之七德”的俗谚，一曰多寿，二曰多荫，三曰无鸟巢，四曰无虫，五曰霜叶可玩，六曰嘉实，七曰落叶肥大。这套古老的俗谚附在一首咏柿的七绝中。柿树的寿命很长；绿叶密生，树荫浓郁；鸟不在柿树上营巢；虫不在柿叶上停留；秋天柿叶红得美丽；柿子甜美可口；柿树的落叶肥大。所举的这些长处中，有些方面我有同感，有些方面则不敢苟同。这且不说，我还注意到：无论是中国还是日本，有关柿子的文献可以上溯到很久远的年代之前，而对于柿树霜叶的玩赏，则到较晚的

---

* 新村出(1876—1967)，日本语言学家、散文家。主要著作有《东方言语史丛考》、《东亚语源志》、《广辞源》、《南蛮记》等。本文选自《日本经典散文》，高慧勤主编，竺祖慈、叶宗敏译，上海：上海文艺出版社2004年版。

① 段成式：唐代文学家。

时候才在诗文中出现。

有一段关于柿叶的逸话。唐朝玄宗皇帝的朝代，有一位名叫郑虔的博士擅长书画。他学习书法时苦于无纸，听说一所有名的大寺，名叫慈恩寺，有几间仓房里贮有柿叶，便借了那里的僧房住下，取仓中的红叶练字。长安多柿树，另一所名刹青龙寺中的柿树曾被韩退之和白乐天写在他们的名诗中，广为传诵。但是韩退之的诗，连篇赞美的词句，并非万株红叶，而是红柿子的灵液。中国人的取向历来多在于果实而少在于树叶，就像比起银杏叶来，更爱银杏果一样，对于柿树似乎也是同样。

然而，自郑虔"柿叶临书"的故事以来，宋诗以后的作品中咏诵柿树红叶时，常常可见诸如"慈恩分种远"、"红叶曾题字"、"柿叶飘红手自书"之类的诗句，慈恩寺也罢，青龙寺也罢，都是日本高僧修学之处，所以想必郑虔的逸话也早就传到了日本。

平安朝①的中期，七条院的女官伊势的和歌集中，记载了某位男子来到五条附近的女子家中，在红柿叶上写和歌赠给情人的故事。这虽不一定是模仿中国古人的做法，但对照起来看，却是很有意思的。这首和歌很长，这里将其大部分省略，单提文末一段：

荒凉一旧屋，
经年闲置无人住，
偶入围墙内，
但见红叶爽风拂，

---

① 平安朝：公元794年至1191年。

织出绚丽锦缎图。

歌中虽未表现红柿叶的情趣，但这毕竟是最早提到红柿叶的作品。

与柿叶文字有关，后世的随笔中有一学僧的著述，以《柿叶》为题。这是一本有关佛教的随笔，作者是庆长年间[①]日莲宗[②]的学僧，要法寺的日性上人。元禄年间[③]出现了题为《柿封面》的俳句书，此外还有一本名叫《涩柿》的书，收辑了明惠上人的传记和文觉上人的情况等内容，但这两本书题名的由来与《柿叶》一书不一样，日性上人的《柿叶》是真正继承了慈恩寺传统的。

无论是红柿叶还是红柿果，在《万叶集》[④]或《古今集》[⑤]中都从未出现过。将柿果用物名[⑥]手法处理的有勅撰和歌集《拾遗集》，其中提到了“练柿”，就是那种在树上时就已去了涩的甜柿子。比这种稍稍晚一点的则有《藤原定赖集》中提到“淡柿”，就是摘下来后用人工的方法去了涩的柿子。但这些作为与柿有关的和歌，都是根本不值一提的。真正叫人觉得有点意思的和歌，大概只举得出《源仲正集》中的一首了：

广袤天地间，

① 庆长年间：公元 1596 年至 1615 年。
② 日莲宗：日本佛教的一个宗派。
③ 元禄年间：公元 688 年至 1704 年。
④ 《万叶集》：日本最古的和歌集。
⑤ 《古今集》：日本最早的勅撰和歌集。
⑥ 物名：又叫“隐”，和歌的一种创作手法。将题目的谐音化入歌中。

萧瑟秋风感凶残，
吹枯万重山，
所幸果实仍挂一枝，
更有柿叶红艳艳。

源仲正是源赖政[1]的父亲，平安朝末期[2]人。

到了镰仓期[3]，时势变，人心新，红柿叶的情趣也就被人们所发现。顺德院[4]《八云御抄》的“红叶”条中列举了枫、檀、栌、日本泡桐、柿、茑、槲、樱等八种；在“柿”条中特别提到了柿叶，令我甚喜。枫、檀、栌、茑的红叶固然都美，但我近来最喜欢的红叶还数柿和樱。看见那素雅的赤褐色大叶微微垂首，立于农家和山道等处，就难以言状地心动。能在《八云御抄》中发现这两种红叶被列举出来，我觉得真是一件幸事。

作为咏柿的古歌之绝唱，我觉得当推寂莲法师[5]之作：

山乡多清静，
柿树红叶火样红，
鸠儿枝上鸣，
秋末阵雨已降过，
周遭肃杀缘寒风。

去年秋天，我乘火车经过艺备的山间，时值阵雨刚

---

① 源赖政(1104—1180)：平安朝末期著名武将和歌人。

② 平安朝末期：指11世纪末至12世纪末。

③ 镰仓期：指12世纪末至14世纪中叶。

④ 顺德院：即顺德天皇(1197—1242)，《八云御抄》是其所撰的一部有关和歌创作理论的著作。

⑤ 寂莲法师(？—1202)：原名藤原定长，日本著名歌僧。

过，从车窗看到的风景有一种与这首歌相符的意境：

寒秋悄然至，
万山层林尽枯黄，
唯有果树园，
累累柿子斗寒霜，
挺挺枝叶泛红光。

这是在贞应二年百首和歌集中的一首。从咏诵柿树这一点来讲，在当时有其珍贵之处，但与寂莲法师的那首相比，就缺乏启发人兴致的情趣了。后世的题咏中有“山柿”、“柿叶”，“红柿叶”之类的词句，这在宗硕的《藻盐草》中也有记载，但我尚未查明在咏诵红柿叶的和歌中有怎样的名吟。

俳句中有很多关于红柿叶的佳句。去来[1]的“落柿舍”就是因一夜间突然落下许多柿果而得名的。在拆毁落柿舍时，也许是想起了《嵯峨日记》的芭蕉[2]或凡兆[3]等人，那句“柿叶独风骚，可恨入夜严霜摧，终于落地了”，充满了这位柿主的眷恋之情。但是让我不能忘怀的倒是《猿蓑》[4]中的那首珍硕之作：

鸽哨声悠闲，
飘过青涩柿子园，
传向荞麦田。

---

① 去来：即向井去来（1651—1704），著名俳人。
② 芭蕉：即松尾芭蕉（1644—1694），俳句大师。《嵯峨日记》是其代表作之一。
③ 凡兆：即野泽凡兆（？—1714），著名俳人。
④ 《猿蓑》：野泽凡兆的代表性俳句集。

但在一些无名之辈的俳句中，也有如下一类难以传世之作：

柿叶映秋光，
飘飘悠悠落地上，
傍晚显湿凉。

柿树叶鲜红，
远处传来劈竹声，
回荡山涧中。

最后我还想提一下《续猿蓑》[①]中桑门宗波的一首俳句：

炸酱味道鲜
盛在柿叶冒出尖
筷子轻轻拈

柿叶有时用于包食物或盖食物之类的场合。中世末的《武家调味故实》一书中就有用柿叶盖住烧好的野鸭端上来待客的记载。听说还有一些掌故提到把捕获的野鸭拴在芦苇上或柿枝上，或在每根芦苇上用线拴两三张柿叶。不知为什么，其由来却无从得知。

与此不同，山城宇治把柿叶似张未张，麻雀停在叶上可不见身影的时节当作摘茶时节，而在古代的和歌和近代的方言中，都把这种嫩叶嫩草的状态叫作“雀隐”，实在是一个很可爱的词。此事已有记述，不再赘言。

---

① 《续猿蓑》：由松尾芭蕉的弟子们所撰的俳句集。

关于柿，可记之事甚多，这里只先说大概，至于词源的考究以及故事传说之类，则都和果实的味觉一起一概省却了。最后，针对中国古谚中的柿树七绝，我想把柿树嫩叶的可爱、绿叶的多荫、红叶的素雅、果实的甘美、落叶时枝形的曲线这五样称作柿树的五绝。柿树初夏嫩叶的“雀隐”、初冬枯枝微黑的风情，这已和晚秋红叶的赤褐色一起，成为我近年来最喜爱的风物。

沙　漠

安德烈·纪德*

阿拉伯人在广场上露营，燃起篝火，但暮色中几乎看不到烟。

沙漠商队！晓行夜驻的商队，疲劳不堪的商队，一再为海市蜃楼陶醉、现在已灰心丧气的商队。商队！我为何不能和你们一块出发，商队？

有些商队向东方行走，去寻找檀香、珍珠、巴格达蜜糕、象牙和刺绣品。

有些商队向南行走，去寻找玛瑙、麝香、金粉和鸵鸟毛。

有些商队向西行走，黄昏时分上路，消失在眩目的

---

* 安德烈·纪德（1869—1951），法国作家，1947年获诺贝尔文学奖。代表作有《人间的食粮》、《窄门》、《伪币制造者》等。本文选自《纪德散文选》，罗国林译，天津：百花文艺出版社1995年版。题目为选编者所拟。

夕阳之中。

我看见一支支商队疲劳不堪地归来，骆驼跪在广场上，商人们终于卸下了它们的负载。那是帆布缝的大包，不知道里面装着什么东西。有些骆驼驮着藏在驮轿里的女人。另一些骆驼驮着帐篷什物，支起来就好过夜。啊！在浩瀚无垠的沙漠中壮观的跋涉，无尽的疲劳！——广场上燃起了篝火，准备晚餐。

啊！多少次我黎明即起，遥望霞光万道、绚烂无比的东方；多少次我走到绿洲边缘，那里几棵棕榈树变得焦黄，生命再也征服不了沙漠；多少次我怀着满腔欲望，眺望沐浴在烈日中、酷热无比的大漠，就像凝望那光芒万丈、射得眼睛睁不开的光源……需要多少激昂的热情，多少强烈、火热的爱情，才能战胜这沙漠的灼热？

贫瘠的大地，冷酷无情的大地，热烈虔诚的大地，先知者们热爱的大地——啊！苦难的沙漠，辉煌的沙漠，我曾满腔激情地爱你。

在经常出现蜃景的北非盐湖地带，白色的盐层看去像白茫茫的海水。我知道，盐湖倒映碧空，宛若大海般湛蓝。可是，怎么会有一丛丛灯芯草，更远处还有风化的片状巉岩？怎么看上去会有一条条漂荡的小船，更远处还有座座宫殿？所有这些奇形怪状的物体，全都悬空浮在那片虚幻的深水之上。（盐湖之畔气味令人作呕。那是一种掺和了盐的可怕的泥灰岩，被烈日晒得滚烫。）

清晨，我看见阿马尔卡杜山被朝阳映成玫瑰色，像一堆正在着火的物质。

我看见天边狂风卷起漫天沙尘，刮得绿洲气喘吁吁，像暴风雨中一叶惊慌失措的孤舟颠簸不止。而小村庄的街上，瘦骨嶙峋、全身赤裸的男人，蜷曲着滚烫的身子，忍受着焦渴的折磨。

我看见沿途布满骆驼的白骨，惨不忍睹。那是一些筋疲力竭，再也走不动了的骆驼，被商队遗弃，立刻腐烂，落满苍蝇，散发出恶臭。

黄昏时分，除了昆虫刺耳的鸣叫，听不见任何声音。

——我要来谈谈沙漠：

生长着细茎针茅的沙漠，到处可见游蛇，放眼望去是一片在风中起伏的绿色原野。

乱石遍地的沙漠，不毛之地，到处是闪闪发光的页岩，虎蚺飞来飞去，灯芯草焦枯，一切都在烈日下发出爆裂声。

黏土沙漠。这里只要有涓涓细流，万物就会生意盎然。一下雨就遍地葱绿。虽然土地过分干旱，难得露出一丝笑容，但这里的草似乎比别处的更嫩绿，更芬芳。它们总是迫不及待地开花，让芳香四溢，因为它们担心还没结籽，就被烈日晒枯。它们的艳情是短暂的。太阳又出来了，土地干裂，水分全都蒸发掉了；土地严重龟裂，及至大雨滂沱，雨水全流入沟里，无情地冲刷着大地。这土地根本蓄不住雨水,依然那么干旱,无可救药。

黄沙漫漫的沙漠。海浪般的流沙;不断移动的沙丘。那些沙丘像一座座金字塔,远远地指引着商队。爬上一座沙丘,想极目地平线,看到的却是另一座沙丘顶。

刮风时,商队停下来,赶驼人躲到骆驼身旁避风。

黄沙漫漫的沙漠——生命灭绝,只有风和热浪颤动。沙子在阴影下异常柔软,傍晚火烫,早晨则像冷灰。沙丘间有些峡谷白茫茫的。我们骑马穿过峡谷,等我们走过之后,足迹立刻被沙子掩埋。我们一个个筋疲力尽,每遇到一座新的沙丘,心里就嘀咕能否爬过去。

我本该热烈地爱你,黄沙漫漫的沙漠。啊!愿你最细小的微尘,以它微不足道的地位,能够反映整个宇宙!微尘,你还记得什么生命吗?还记得你是什么样的爱情分解出来的吗?——微尘也希望人们赞扬它。

我的灵魂啊,你在沙漠上看见了什么?

堆堆白骨——空空的贝壳……

一天早晨,我们到达一座沙丘旁。沙丘相当高,为我们挡住了阳光。我们席地而坐。那地方还算阴凉,悄悄长出了一些灯芯草。

可是关于黑夜,茫茫的黑夜,我能说些什么呢?

这次缓慢的航行。

沙子比海浪还蔚蓝,

比天空还粲然。

——我熟悉这样的夜晚，星星一颗比一颗美丽。

扫罗[1]，你在沙漠里寻找母驴，没有找到，却得到了你无意寻求的王位。

养一身虱蚤也有乐趣。

生活对于我们曾经是
　　孤寂的，宛似瞬间的芬芳

我希望这里的幸福，
有如荒冢上的繁花。

---

① 据《圣经》记载，为公元一世纪拥有罗马公民资格的犹太人。

月夜

阿南德萨卡尔·特鲁尔*

昨夜晚我与一个朋友漫步在田野。大半时间里，我们都在观察西方地平线上那变幻无穷的色彩。我想起了纳拉辛格的诗句：

> 举目西天，仿佛天空在燃烧，夕阳的光辉撒向四方，云霞似火，好像到处都绽开着朵朵的石榴花。

我们一面走着，一面回想着这些句子。不多久，光线开始转暗，终于消失不见了。星星一颗颗升上天空。星座浮现出来，整个天空布满了天体的光辉。正是秋天的季节，天空呈现出一片深蓝色，繁星的光辉挥洒下

---

* 阿南德萨卡尔·特鲁尔（1859—1942），印度文学家、学者和教育家。代表作有散文随笔集《春》等。本文选自《外国散文三百篇》（第二卷），林非主编，李晓红、王兆胜选编，徐坤译，北京：中国社会科学出版社 2003 年版。

来，仿佛是牛乳在流淌。也许是为了让这种美丽变得更完整吧，那万云簇拥、千星环绕的月亮从天梯爬了上来，整个世界只剩了天国的光辉在闪耀，月光的美主宰了宇宙。银白色的美丽月光穿透星际，月亮像一只小船挂在天海之中。我继续目不转睛地注视着。

我的朋友好像猜透了我的心思，他想扭转我的心境，于是从随身带的书中选出了一些章句读给我听。书中写道：

> 如果天文学显示出伟大的天体并非是神的意志所能想象的，那么像希普瑞斯、凯普勒、赫罗托、巴斯卡拉查亚等天文学家才会知晓漫布在天际的无生命之物的因果关系。

我的那颗正沉浸于虔诚冥思中的心当即遭了这种理性逻辑的沉重打击。我既不想漠视理性也不想轻视感情，因为我把将二者合一视为己任。在短时间内我恢复了内心平衡，然后告诉朋友："你认识到这种争论的含义了吗？它意味着所谓'定理'并不表示牛顿的伟大，而是像你和我这样的'定理'的读者的伟大。因此，你从我这带去的是创造自然奇迹的神的伟大，而不是牛顿的伟大。再者，正如牛顿发现了我们所未知的真理是因为他在智力上超越我们，同样，圣人和仙者并非是神的力量的创造者而是神的普通读者——这就是仙人被称作先知的原因，他看到了吠陀描绘的自然的绝对真理，世界因往世书的婆罗门之神而显现。他的四张嘴吟诵着吠陀圣典，我们特有的幸福、责任和命运都听到了这声音。"

朋友对这种争论结果很满意。而我的那颗从冥思神意光辉转到理性思考的心，也得到了放松。同时，另一种理性争议又潜上心头："世界赋予我们伟大的神性光辉，这是真的吗？那么人类在这个世界中又处于什么地位呢？"光的运行速度是每秒 60 亿英里，那么从一个星球到达地球就需要两万年，那么是否天文学家霍吉尼斯的论断就是正确的呢？他认为直到今天其他星球的光从不曾到达过地球。在其他天体领域中星星代替太阳发挥作用，即便是我们整个太阳系毁灭了，也不过像沙滩上一粒沙子被冲走一样。那么人类的位置又在哪儿呢？神为什么要进入他的存在呢？这种想法实在令我痛苦。幸亏这时我想起一个英国诗人的几行诗：

> 看哪，太阳在运行，它既不会等待也不会消殒，但我们不朽的灵魂却可以如此，我是不需太阳而闪耀光芒的唯一存在。

多么伟大的思想！它使我体会到自己的伟大，同时也启发了我的责任心。我思绪不宁，开始理解其深邃的含义。我想到我的位置就如同从宇宙的乐器上分离出来的一根琴弦，又如同鹿群中分离出来的一头年轻小鹿。于是我得出结论，没有神的恩惠，我连一秒钟都不能尽到自己的责任。有人认为若非灵魂缺少寄托，有神论的态度是不可能的。但我觉得这是个枯燥乏味的原则，并且是利己主义的。如果你完全相信无论你做什么都是由于神的鼓舞，你只是神意传播的普通中介，那么，毫无疑问，犯罪的欲念完全从你心中铲除,行善的愿望萌生如鲜花吐露芬芳。我心情平定下来,又面临一个问题:“为何神要赐予恩惠于你,将你引导到正确道路上?”我的灵魂因存善念而获得了力量,立刻脱口而出:“为什么不?神正在遍播爱……噢,神,我是你的!”最后一句话是从我内心自动涌出的。朋友听了问我:“这是你的商羯罗吠檀多的不二论吗?”我紧跟住他刻薄的话语,坚定地回答:是的,我们的萨卡拉·查拉亚曾经说过:

> 啊,神,我是你的,但你不属于我,如同浪花属于海洋,海洋却不能只属于浪花。

这种回答让我们思索起有形和无形的神,但我已没时间去讨论这个问题,只能留给将来再去解决。

此刻已是月上中天。整个世界沐浴在银色甜美的光辉里,我灵魂中的月光却阴郁乏味起来,就像黎明时那种月亮的光。

我爱在风狂雨骤的夜晚

华兹华斯[*]

我爱在风狂雨骤的夜晚
听那一阵阵轻幽的歌唱——
喧嚣的风儿夹着这歌声
掠过开阔的平原和树林，
在云和雨之间回响。

再有，我爱一个人伫立着，
让巨岩或树木把我遮蔽，
站在那儿盲人般地谛听
那些小曲的微弱的尾声——
它专为人耳朵响起。

---

* 华兹华斯(1770—1850)，英国诗人。代表作有《抒情歌谣集》等。本文选自《华兹华斯抒情诗选》，黄杲炘译，上海：上海译文出版社 1986 年版。

但是，更加美妙的是这样：
在天青月白风静的时候，
让山岩、树林加上小小的
一片牧场绿草地，合成个
上有天、下有地的图。

不过，还要美妙的是这样：
在你能听见羽毛飘落时，
倾听那悠长微弱的音乐——
轻轻的短歌一曲又一曲，
就这样延续半小时。

可是你会说，怎会有这事？
我告诉你，我明白这道理，
在海洋迸溅浪沫的上空、
在林木稀处和幽暗洞穴中，
千百个精灵在来去。

我多少多少回听见他们，
这件事你会说难以想象——
在绿油油的开阔田野上，
在光溜溜的黄沙海滩上，
他们的舞步多欢畅。

我这样的人可没法说出
他们的外形、脸色和身材，
不过他们又稀淡又瘦削——
他们比空气还稀淡好些，
却比夏天的蝇欢快。

在湖水边或是在树丛旁，
我也曾经时不时地看见
一大群美丽的小小精灵，
全像月光下的空气晶莹，
像闪烁的白霜耀眼。

我常在林中空地或树荫下
看见月光下的幽幽倩影——
有的在这儿，仙姿极娇小；
有的在那里，同人一般高——
全转着圈儿在舞动。

1798 年 4 月？—1800 年 6 月？

第四辑
大 川 之 水

大川之水

芥川龙之介[*]

我出生于大川端附近的一条街上。走出家门，穿过米槠覆荫、黑墙毗连的横网小路，便来到立有上百根桩子的河边，眼前顿时展现一条宽阔的大河。从小学到中学毕业，几乎天天都望见这条河。那水，那船，那桥，那沙洲，还有那些生于斯长于斯的人，每日忙忙碌碌的生活。盛夏的午后，踩着灼热的河沙，下河学游泳，不意中河水的气息扑鼻而来。这种种，现在回忆起来，那份亲切似乎与时俱增。

对那条河，何以如此钟爱呢？难道说，是那一川暖融融的浊水，引起无限的怀念之情？就连自己也有点儿说不清。反正，往昔每见大川之水，便会莫名地想流

---

* 芥川龙之介（1892—1927），日本小说家。著有《罗生门》、《鼻子》、《山芋粥》、《手帕》等。本文选自《日本经典散文》，高慧勤主编，高慧勤译，上海：上海文艺出版社2004年版。

泪，生起一种难以言表的慰安与寂寥。我的心绪，好似远离寄身的世界，沉浸在亲切的思慕与怀恋的天地之中。怀着这样的心境，为能咂摸这一慰安与寂寥的况味，才尤爱大川之水。

那银灰色的雾霭，绿油油的河水，隐隐然有如一声长叹的汽笛声，以及运煤船上茶褐色的三角帆——一切的一切，都会引起不绝如缕的哀愁。河上风光如许，使自己那颗童稚的心，宛如岸边的柳叶，颤动不已。

三年来，位于郊外杂树林内，浓荫覆盖的书斋里，我陶然于平静的读书三昧。尽管如此，我仍不能忘情于大川之水，一个月里总要去眺望三两次。书斋寂寂，却不断予人情思的亢奋与激烈。而那大川的水色，似动非动，似淌非淌，自能融化自家一颗凄动不宁的心，仿佛羁旅归来的香客，终于踏上故土一样，既有几分陌生，又感到舒畅和亲切。因为有了大川之水，自己的情感，才得以恢复本来的纯净。

不知有过多少次，见绿水之滨的洋槐，在初夏和风的吹拂中，白花纷纷地凋落。不知有过多少次，在多雾的十一月的夜半，听见群鸟在幽暗的河面瑟瑟地啼叫。所见所闻的这一切，无不使我对大川增加新的眷恋。如同少年的心，像夏日河面上黑蜻蜓的翅羽一般易于震动，不由得要睁大一双惊异的眸子。尤当夜里，在撒网后的渔船上，依傍船舷，凝视黑黝黝的大河无声地流淌，感受到飘散在夜空与水气中的“死亡”气息，自己是何等的孤单无助，受着寂寞的煎迫。

每当遥望大川的流水，不禁想起邓南遮的心情，他对意大利水都威尼斯的风光，倾注了满腔热情：在教堂的晚钟和天鹅的啼声里，威尼斯沐浴着夕阳，露台上盛开的玫瑰和百合，在水光月影之下，显得苍白而青幽；宛如黑色柩车的公渡拉游艇，从一个桥头驶向另一个桥头，犹如驶入了梦境。于我仿佛是一个新发现，引起深切的共鸣。

受大川之水抚育的沿岸街区，对我说来，都是难以忘怀，倍感亲切的。从吾妻桥的下流数去，有驹形、并木、藏前、代地、柳桥，以及多用的药师寺前、梅堀，直到横网的岸边——这些地方，无一不令我留恋。人走到那里，耳中想必会听到大川之水汩汩南去的细响。那亲切的水声，从阳光普照的一幢幢仓房的白墙之间传来，从光线黝暗的木格子门的房屋之间传来，或从那银芽初萌的柳树与洋槐的林荫之间传来。绿水悠悠、波光粼粼的大川，好似一块打磨平滑的玻璃板。哦，好亲切的水声呀！你像在絮絮低语，又好似撒泼使性儿。河水绿得像榨出的草汁，不分昼夜，冲洗着两岸的石堤。班女[①]也罢，业平[②]也罢，武藏野[③]的往昔我并不清楚，但远自江户时期净琉璃的众多作者，近至河竹默阿弥[④]辈，在他们的风俗戏里，为了着力营造杀人场面的气氛，配合浅草寺钟声的，常用的道具，就是大川那凄凉的水声。十六

① 班女：日本古典戏剧“能”剧《班女》的女主角。

② 业平：即在原业平（825—880），平安朝初期的和歌诗人。相传风流倜傥，成为能与歌舞伎等古典戏剧中的角色之一。

③ 武藏野：地名，关东平原的一部分，现指东京都中部市区，包括吉祥寺及周边卫星城。

④ 河竹默阿弥（1816—1893）：歌舞伎剧作家。

夜与清心双双投河的时候，源之丞对女乞丐阿古与一见钟情的时候，或是补锅匠松五郎①挑着担子走过两国桥的时候，大川之水如同今天一样，在客栈前的渡口，在岸边的青芦和小舟的舷旁，源源流过，喃喃细语。

尤其是，听水声最有情味的地方，恐怕莫过于在渡船上了。倘如我没有记错，从吾妻桥到新大桥之间，原有五个渡口。其中，驹形、富士见和安宅三个渡口，不知何时，已相继荒废了。如今只剩下从一桥到浜町、御藏桥到须贺町这两个渡口还同往昔一样，保留了下来。同我儿时相比，河流业已改道，原先芦荻繁茂的点点沙洲，已消失殆尽，不留一点踪迹。唯有这两个渡口，依样的浅底小舟，依样的船头上站着老渡工，每日不知要横渡几次这一川绿水，水绿得像岸边的柳叶。我时常无事也去乘乘这渡船。随着水波的荡漾，恍如置身摇篮里那么惬意。特别是天时愈晚，愈能深味到船上那种寂寥与慰藉的情致。——低低的船舷外，便是柔滑的绿水，如青铜一般泛出凝重的光。宽阔的河面，一览无余，直到新大桥远远横在前面好像要拦住去处。暮色中，两岸人家是一色的灰蒙蒙，只有映在纸拉门上的昏昏灯火，在雾霭中浮现。涨潮时分，难得有一两只大舢板，半挂着灰不溜秋的风帆，溯流而上，而且船上悄无声息，连有无舵工都不清楚。面对这静静的船帆，嗅着

---

① 十六夜与清心、源之丞与阿古与、松五郎：分别为河竹默阿弥的歌舞伎张本《十六夜清心》、《阿古与与源之丞》、《补锅匠松五郎》中的主角。

绿波缓流的水味，我总是无言以对，那种感触，就像读霍夫曼斯塔尔[①]的《往事》诗一样，有种无可名状的凄凉寂寞。尤其是我不能不觉察到，自家心中情绪之流的低吟浅唱，已与雾霭之下悠悠大川之水，交相共鸣，合成一个旋律。

然而，使我着迷的，不单是大川的水声。依我说，大川之水，还别具一种别处难见的柔滑而温文的光彩。

拿海水来说，色如碧玉，绿得过于浓重。而大川上游，那儿根本分不出潮涨潮落，翡翠般的水色又嫌太轻太淡。唯有流经平原的大川之水，融进了淡水和潮水，在清冷的绿色中，糅杂着混浊与温暖的黄色，似乎有种通人性的亲切感和人情味。就这个意义上而言，大川处处显得有情有义，令人眷恋不已。尤其流经的多为赭红黏土的关东平原，又静静地穿过“东京”这座大都会，所以，尽管水色混浊，波纹迭起，像个难伺候、爱抱怨的犹太老头，可是毕竟予人以庄重沉稳、亲切舒适的感觉。况且，虽说同样是流经城市，或许因为大川同神秘之极的“大海”不断流通的缘故吧，所以，绝没有用以沟通河流的人工渠水那么暗淡，那么昏沉。使人觉得，大川总是那么生气勃勃，奔流不息。然而，大川奔流的前方，是无极无终，不可思议的“永恒”。在吾妻桥、厩桥和两国桥之间，水绿得如香油一般，浸着花岗岩和砖砌的巨大桥

① 霍夫曼斯塔尔(1874—1929)：奥地利诗人、剧作家，象征主义与新浪漫主义的代表作家。

墩,那份欢快自是不用提的了。河岸近处,水光映照着客栈门前白色的纸罩方灯,映照着银叶翩翩的柳树。过午,虽说水闸拦截,河水依旧在幽幽的三弦声中,在温馨的时光中流过。在红芙蓉花中,水流一面低声愁叹,一面因胆怯的鸭儿拍羽振翅而搅成纷乱一片,闪烁着潋滟的水光,悄没声儿的,又从无人的厨房下面流过。那凝重的水色,涵蕴着无可形容的脉脉温情。再譬如说,两国桥、新大桥、永代桥,越接近河口,河水越明显地交汇着暖潮的深蓝色。在充满噪音和烟尘的空气下,河面如同洋铁皮,将太阳光反射得灿烂辉煌,一面无精打采地摇荡着运煤的驳船和白漆脱落的老式汽船。然而,大自然的呼吸与人的呼吸,已经融为一体,不知不觉间化为都会水色中那一团温暖,而这是轻易不会消失的。

尤其是日暮时分,河面上水气弥漫,暝色渐次四合,夕天落照之中的一川河水,那色调简直绝妙无比。我独自一人,靠着船舷,闲闲望着暮霭沉沉的水面,水色苍黑的彼岸,在一幢幢黑黝黝的房屋上空,只见一轮又大又红的月亮正在升起。我不由得潸然泪下,这恐怕是我永生也不会忘怀的。“所有的城市,都有其固有的气味。佛罗伦萨的气味,就是伊利斯的白花、尘埃、雾霭和古代绘画上清漆的混合味儿。”(梅列日科夫斯基①)倘有人问我“东京”的气味是什么,我会毫不犹豫地说,是大川之水的气味。那

① 梅列日科夫斯基(1865—1941):俄国作家、文学评论家。伊利斯为希腊神话中的彩虹女神。

不独是水的气味，还有大川的水色，大川的水声，也无疑是我所钟爱的东京的色彩，东京的声音。因为有大川之水，我才爱“东京”；因为有“东京”，我才爱“生活”。

嗣后听说“一桥渡口”废弃了。“御藏桥渡口”的废弃，恐怕也为时不远了。

大　海

玛丽·沃尔斯通克拉弗特*

顿斯伯格从前是挪威一个国王的住处。在邻近山上，还保留着炮台的痕迹，那就是被瑞典人攻克的地方，海湾入口处近在咫尺。

在这里，我曾常常迷路。在万分荒野的地方，我几乎碰不到什么人。有时，在山岩的遮阴下，斜卧在长满藓苔的沙丘上，在那些小圆石中，海水喃喃私语，使人平静欲睡——不怕任何凶暴的森林之神降临，干扰我的宁静。睡梦何等香甜，微风多么柔和，醒来时，用一双蒙眬睡眼，好奇地追寻着那只转过巉岩或者隐蔽在覆满小岛的松树下面的雪白征帆，凝视着那座从海中

---

* 玛丽·沃尔斯通克拉弗特(1759—1797)，英国哲学家、散文家。代表作有政治哲学著作《论女子教育思想》、《为妇女的权利而辩护》等。本文选自《外国散文三百篇》(第一卷)，黄绍鑫译，林非主编，李晓红、王兆胜选编，北京：中国社会科学出版社2003年版。

突起的秀丽小岛，把可怕的海洋衬映得如此优美谐调，这一切不禁令人心旷神怡。渔人安详地撒着鱼网，海鸥盘旋在平静的海上。万物谐和，似乎坠入一种岑寂的气氛里——甚至鹭鸶的悲鸣也同牛群颈铃的叮当声互相应和；牛群在山谷下沿着一条景色诱人的小道鱼贯地缓步前进，向着挤奶棚走去。我带着一种不可言传的喜悦，尚未来得及凝视——倘若再一凝视，会使人禁不住喘息——这时，我的灵魂全部扩散融入这片景色之中了——而且，它仿佛变成一切感官，在几乎是平静的微波中滑动，或与清新的微风合为一体；或者，张着神仙的双翅，翩翩翱翔，飞向那环绕着壮丽风景的雾山。驰骋的幻想越过一片新绿草地，这草地比在我眼前迂曲海岸上的可爱斜坡还更秀美——我屏住气停歇下来，怀着新的喜悦，追寻令我惊异的情思，当我潮润的眼睛从下面的茫茫大地转向苍穹时，我的视线就透入了那羊毛一般的彩云，它使湛蓝的明空变得柔和美丽；而且，我不知不觉地就回忆起我孩童时代的梦幻；我停在上帝的脚下，在他令人敬畏的宝座前，深深鞠了一躬。

我亲爱的朋友，有时你会惊诧我天性上的偏爱——但，这就是我灵魂中的温度——它，已非充满青春活力的生命的壮年时期。多少年来，我曾经平息一种奔腾的急潮——辛劳的工作会把我的情绪纳入有条不紊的进程——这种急潮无时不与河川互相抗争——我应当热情地去爱它，去赞美它。否则，我就会陷入悲戚之中。我曾经接受过的爱的象征，就是教我在天堂里寻欢作乐——纯净一下这颗被迷惑过的心灵——我的心头仍然在闪光发热——不要重复斯特林的问话,有人鲁莽地问:"玛利亚,你的心还是热的吗?"①啊,天呀,已经够了,心已被愁苦和残忍冻得僵硬——我的天性仍能战胜它——假如我回首以往的欢乐感到脸红的话,那也是被谦逊增强起来的一种玫瑰色的欢乐;因为这种谦逊和羞涩的红晕正像产生它们的感情那样明晰可见。

说了我的散步情况,就不用再说自从我来到这里后体质上的改变;甚至当我稍稍发胖时,我就恢复了运动。去年冬天,恰在这个时候,我碰上丢弃私生子的不幸事件,我的轻率使我陷入一种未曾经受过的孱弱状态里②。在瑞典居住的一段时间,在到达东斯伯格以后,每夜,一种和缓的狂热把我攫住。偶尔,我发现一条小溪,渗透岩石,汇流到饮牛的一个深潭内。我想,这是一种含铁的矿泉水,无论如何,它是纯洁的;海水对病人会产生良好效益,我相信,依赖空气、锻炼和风景的变换,比依赖药物好得多。因此,我下了决心,每天早晨一定去海边散步,好从山泉女神身上寻觅健康,分享供给乘凉者的饮料。

机缘同样引我去发现一种新的快乐,这对我的健康同样有所裨益。我希望利用生活在海边的机会去洗海水浴;但大海不可能接近城市,所以不太方便。我向你提及的那个年轻女人,她决心划船把我送过海,停在

---

① 罗伦斯·斯特林的《在法意悲伤旅途上》(1760)一文,记述了一位旅客约利克听了玛利亚诉说的悲伤故事后,泪水浸湿了他的手巾。玛利亚要为他洗涤手巾,但他问她洗后在哪里晒干,玛利亚回答说,在她的胸脯上,约利克问:"玛利亚,你的心还是热的吗?"

② 作者从巴黎写给她的一个情人的信中,提到她如何了断了她的私生婴儿,因而患感冒;同时,她开始担忧她的情人不再爱她。

岩间;可是,因她有孕,所以我坚持拿起桨,学习划船。划船并不难,还有什么锻炼比这更加令人快活的呢!我不久就划得很熟练了。我的连续不断的思绪与桨好像要合上节拍,或者竟让小舟被急流带着前进,从而使我耽迷在一种喜悦的忘我境地或者谬误的希望之中——何等令人失望啊!当然,没有希望,又有什么能支持生活,有的只是毁灭的恐惧了——唯有这一点,我曾经感到可怕——我禁不住想到不再活下去——想到忘掉自己——虽说生存仅仅是一种悲愁的痛苦知觉;否则,对我来说,要停止生存似乎又很不可能,或者,当春天闪耀而来时,或者,凝聚在一块的火花正向四处飞溅时,这种积极的、不静止的精神,对于欢乐与悲哀都同样活跃;它们好似捏成一团的尘埃,还是很容易向外抛散的。的确,在这颗不易死灭的心中总还有点什么——生命总是比梦幻可贵很多。

有时,海水平静时,我举着桨,搅动了无数浮游在水面上的星鱼,我一再被这种景象逗乐了。以前,我从未见过这种鱼;因为它们不像我曾经在海岸上见过的那类硬壳鱼。这些鱼看起来像变浓了的海水一般,边缘是白色的,中央有四个形式各异的紫色圆圈,覆盖着数不清的纤维组织或白色线条。一接触它们,那种有斑的物体就会转动或合闭起来,动作十分温驯;但是,当我掐起一条放在长柄勺里,然后又将水泼出船外时,它就空如一块无色的冰冻。

我没有看见海豹,当我们在瑞典上岸时,有很多只海豹跟随我们的船;我虽很喜欢在水中运动,但我好像也不愿意参加它们的欢跃行列。

散文三篇

米什莱*

阳光——黑夜

鱼的世界是静静的世界。俗话说:“像鱼一样沉静。”

昆虫的世界是夜的世界,它们怕光。昆虫中即使像蜜蜂那样,白天劳动,但它还是喜欢黑暗。

鸟的世界是阳光和歌唱的世界。

万物生长靠太阳,一切都在它的照射下欢腾鼓舞。南方的鸟儿翅膀浸染着阳光;我们这里的鸟儿把阳光放进歌唱;还有许多鸟儿追逐日头,到处翱翔。

圣-琼[1]说:“瞧吧,早晨它们礼赞朝阳,向晚,又

---

* 米什莱(1798—1874),法国著名历史学家和散文家。代表作有《法国史》、《法国大革命史》以及散文《鸟》、《虫》、《海》、《山》等。本文选自《列那尔散文选》,徐知免译,天津:百花文艺出版社2005年版。

① 圣-琼:当时的一位英国的博物学家。

虔诚地飞集在一起，看落日在苏格兰海岸缓缓下降。黄昏时分，大松鸡飞到最高的杉树枝头瞭望，不停地摇晃着身子，这样它看到太阳的时间可以更长。”

对于它们，阳光、爱和歌唱都一样。倘若你要让捕获的夜莺在它们不发情的季节里歌唱，你就用布蒙住笼子，然后蓦地还给它亮光，它准会引吭高歌。野蛮人常把倒霉的燕雀弄瞎了眼睛，催它饱含着激情，迸发出绝望而痛苦的鸣叫，它用声音为自己创造出和谐的光辉，用内心的热忱为自己创造出它的新升的太阳。

阳光对于宇宙万物都意味着平安。

无论是对于人类还是动物，光都是生命的保证；就像令人安详、和平、静穆的微笑，大自然的坦诚一样。光使在黑暗中追逐着我们的恐怖却步，使梦幻的烦恼和痛苦消失，使困扰灵魂的愁绪逃遁得无影无踪。

长期以来人类群居穴处，已经不了解生活在旷野中的艰辛、惧怕、略无防卫之苦，自然界那可怕的大公无私的律令致人死亡，就跟给予生命一样。你祈求，也是徒然。大自然告诉飞禽：“猫头鹰也有生存的权利。”大自然回答人类：“我必须喂饱我的狮子。”

请你在旅行中仔细看一看荒僻的非洲那迷了路的不幸者的恐惧吧，请看一看可怜的奴隶在逃脱了人类的凶残之后又遇上了残酷的大自然时的恐惧吧。多么焦虑和痛苦啊，日落之后，成群的豺狼，充当狮子的可怖的前哨，开始转悠起来，它们远远地陪侍着它，或是在它前面用鼻子到处乱嗅，或是跟在它后头，像搬运尸体的仆役那样！它们对着你悲号，说道：“明天，让别人来收拾你的骨殖吧。”这是多么巨大的恐怖！而这一切就发生在你身边……狮子看着你，目光炯炯地凝视着你，从它那青铜铸就的喉咙里发出低沉的吼声，对面前这个活生生的猎物喑呜叱咤，要把它吃掉！马也支持不住了，浑身颤抖，冒着冷汗，直立起来……人蹲在那儿，腹背受敌，他几乎已经无力给这个唯一能保护他的生命的充满了光和热的城堡添加燃料了。

夜对于飞禽也是非常可怕的，甚至在我们这里危险好像比较少的地方也如此。黑夜里隐藏着无数妖魔鬼怪，在一片漆黑之中有多少令人骇怕的东西啊！夜间奇袭的敌人一般都是这样，悄悄地猛扑过来。枭用寂静无声的双翼飞翔着，像是足下垫了棉花。颀长的臭鼬巧妙地钻进鸟窝，连一片树叶都没碰到。性情暴躁的榉貂嗜血成性，它是那样迅疾，只一下子就叼住禽鸟和幼雏，扼杀了全家。

一旦有了幼雏，鸟儿似乎对于这些危险产生了一种新的看法。它必须保护这个难禁风雨的穷家；走兽要比它好得多，因为幼兽生下来就能走路。但又怎样保护呢？它几乎只能待在那里等死；它飞不起来：爱折断了它的双翼。整夜，父亲看守着狭小的鸟巢入口，不睡也不困，历尽辛苦，用它脆弱的喙和不住摇晃的脑袋去抵挡危险，如果它看到面前突然出现了蛇那张开的血盆大口，圆睁着无限巨大的吓人的眼睛，该咋办？

对于任何生物，甚至对于被保护的幼雏，夜晚都是最大的烦忧。荷兰画家[①]很能抓住这一点，并把它从放牧在草场上的牲畜身上表现出来。马自动走近了同

---

① 指17世纪的荷兰画家。

伴，把头贴在它身上。母牛领着小牛犊返回栅栏，一心只想着进入棚屋。这些母牛有了一所棚屋，一个居所，有了足以逃避夜的陷阱的歇息之地啦。而鸟儿，却只有一片树叶！

清晨，恐怖敛迹，暗影已经消逝，小小的灌木丛被朝暾照耀得亮堂堂的。巢边有鸟语啾啁，噪成一片！它们仿佛是在互相祝贺，喜庆重逢，大家都还活着。接着就开始歌唱。云雀从田沟里出来，又飞又唱，把地上的欢乐带上天空。

云　雀

云雀是最典型的田野里的鸟类。这是庄稼人的珍禽，她总是殷勤地伴随着他们，在艰辛的犁沟中间，到处都有她的足迹，她为他们鼓劲，为他们歌唱希望。希望，这是我们高卢人的古老名言，正因为如此，大家把这种平凡的鸟儿尊为“国鸟”①。她的羽毛并不美丽，然而天性勇敢，充满欢乐。

大自然似乎有些亏待云雀。她的脚爪长得使她不适宜于在林间栖息，她只好就地筑巢，与野兔为邻，田沟是她的穹庐。当她孵化幼雏时要度过多少动荡不宁、布满风险的日子啊！无数的烦忧，无数的忐忑不安！一片浅浅的草皮怎么能替这位母亲掩藏起她的小宝贝儿，抵挡住狗、鸢和鹰隼的窥伺呢。她匆忙地把小鸟孵化出来，又匆忙地把颤颤巍巍的幼雏抚育成长。

---

① 在罗马人征服高卢以前，高卢人把云雀作为民族徽志之一。

谁能想到这不幸的鸟儿和她那忧郁的野兔邻居有着同样的悲怆呢！

此物多愁结，惊惧噬其心

——拉封丹

然而由于她生性愉快，善忘，或者你愿意，也可以说她轻率，总之是洋溢着法兰西式的乐天精神，于是相反的情况发生了：一旦脱离险境，国鸟又重新获得静谧，她又像从前那样歌唱，显示出无法抑制的喜悦。更令人惊奇的是：她的灾祸，动荡的生活，那无数残酷的苦难并没有使她的心变得僵硬无情；她仍然那样快活善良，合群，满怀信心，她具有这些稀有的优秀品质，堪称鸟类中友爱的模范；云雀像燕子一样，必要时还会哺育自己的小姐妹们呢。

两样东西支持着并鼓舞着她，那就是阳光和爱情。一年之中有半年她都恋爱。每年有两三回，她得承担起做母亲的、多灾多难的幸福，忍受无数风险去尽那份哺育的劬劳。在没有爱情的时候，她拥有阳光，阳光令她兴奋。只要有一丝太阳出现，她就会引吭歌唱。

她是白天的女儿。每当晨曦降临，茜红微微染上天边，太阳即将升起的时候，她就像箭一样从田沟里直冲出去，在天空中高唱起欢悦的颂歌。这是一首神圣的诗，像黎明一样清新，像童心一样纯净，欢乐！这嘹亮而有力的声音正是收获的信号。“走吧，”父亲说，“你们没听见云雀在召唤吗？”云雀跟随着人，不停地给他们以鼓励；到了炎热的正午，为他们驱赶虫蚋，连连催他们进入梦乡。她把流泉般柔和的曲调倾泻在少女蒙眬欲睡的侧过的头上。

从格朗维尔岸边观海①

有个勇敢的荷兰海员，他整个一生都是在海上度过的。他是一位坚定而冷静的观察家。他坦率地说起大海给他的第一个印象便是惧怕。对于陆地上的生物来说，水是一种不适宜于呼吸的、令人窒息的元素。这道永远不可逾越的天堑截然分开了两个世界。倘若人们称之为海的这片浩淼的水，迷茫、阴森而深不可测，它的出现在人们的想象中留下了十分恐怖的气氛，我们也不必为此大惊小怪。

东方人认为海只是苦涩的旋涡，黑夜的深渊。在所有印度或爱尔兰的古代语言里，海这个字的同义词或类似词是沙漠和黑夜。

每天傍晚，凝神观看红日——这世界的欢乐和一切生命之父没入万顷波涛，常常令人兴起无边苍凉之感。这是世界，尤其是西方的悲哀；尽管我们每天都看到这个景象，但仍然感到一种同样的力量、同样的惆怅压在心头。

倘若人没入海中，下沉到一定程度，就会立即不见亮光；人进入了某种混沌朦胧之中，这里永远是一种色泽，阴森森的红色；再往下去，连这点色泽也消失了，只剩下晦暗的长夜，除了偶尔意外地闪过几道可怕的磷光之外，完全是一片漆黑。这无限广阔、无限深沉的海

① 格朗维尔位于法国诺曼底西海岸。

域覆盖着地球的大部分，仿佛是一个幽冥世界。这就是使得原始时代的初民感到震惊畏惧的原因。他们以为没有亮光的地方生命即已终止，除了上层之外，这整个深不可测的厚度，它的底（如果这深渊还有底的话）是一个黑黢黢的偏僻去处，那儿除去无数枯骨和断残的木片，只有荒凉的沙砾、碎石，困顿悭吝的环境只取不予，它们把那么多失去的财物都嫉妒地埋葬在它秘密的宝库之中。

这空灵剔透的海水丝毫不能叫我们安心。这里并没有溪涧清泉那些动人的女仙。这水浩淼迷蒙，昏暗而沉重，整天猛烈地拍击着海岸。谁到大海里去冒险，谁都会感到自己被高高地托起。是的，它帮助了游泳者，但一切依然由它摆布；你会感觉到自己仿佛一个孱弱的幼童似的，被一只强悍有力的手臂摇晃着，荡漾着，然而它也能随时使你粉身碎骨。

小船只要解开了缆绳，谁知道一阵狂风，一股无法抗御的潮流，会把它冲到哪里？就是这样，我们北方的渔夫才在无意之间找到了美洲极地，带回了不幸的格陵兰的恐怖消息[①]。每个民族都有自己的关于海洋的传说和故事。荷马[②]、《一千零一夜》[③]给我们保留下大量令人骇异的传说，多少暗礁和风暴，危险万分的大洋上的静止状态，人要是碰上它往往就给困在水上渴死，

---

① 在哥伦布发现美洲以前，冰岛人早已发现了格陵兰；还有人认为北欧的渔民早就到过北美洲海岸。

② 荷马在《奥德修纪》中叙述过奥德修斯（一译尤利西斯）的海上历险故事。

③ 这里作者指的是《一千零一夜》中水手辛巴德的故事。

还有吃人的生番、妖魔、海怪、长蛇[1]和海洋巨蟒，等等。往昔最勇敢的航海家腓尼基人和迦太基人，还有曾企图囊括全球的阿拉伯征服者，为黄金和赫斯珀洛斯四个女儿的传说[2]所吸引，跨过地中海，向大海进发，但立即又停止了：在到达赤道以前他们遇到了永远是彤云密布的那条黑线，使他们无法前进。他们停下，叹息道："这是幽冥之海啊。"于是又返回故乡。

倘若谁侵犯这一圣地，就是渎神。对于按照亵渎的好奇心行事的人，灾祸必将降临到他头上！他们在最后一个岛屿的背后看见一个巨人，一个面目狰狞的神灵。神灵大声喝道："不准再走远了！"

对于古老的世界这种颇有点稚气的恐惧之感跟一个从内地来的毫无经验的普通人突然看到了海的那份激动心情并没有什么不同。可以说任何人意想不到地乍见大海都会产生这种印象。动物显然会惊慌失措。甚至退潮了，海水显得温柔而宽容，懒洋洋地没过岸边的时候，马驹不禁为之辟易，浑身颤栗，嘶叫不已，用它自己的方式诅咒可怕的波涛。它永远不会跟这个它觉得满含敌意的可疑事物和睦相处。一位旅行家曾经对他们讲起堪察加[3]的狗，要说它们早该习惯于这种景象了，但仍不免于恐惧，激动，愤怒。它们千百成群在漫漫长夜中向着呼啸的浪花大声咆哮，疯狂地向北冰洋冲击。

---

① 海怪：指《圣经》中描写的海怪；长蛇：指挪威人相信海中有蛇，其长达几公里。

② 希腊神话中，夜神赫斯珀洛斯有四个女儿，她们负责守护大地女神该亚作为结婚礼物送给赫拉的金苹果树。

③ 堪察加：西伯利亚东北的一个半岛。

西北江河那忧郁的流水,南方那广阔的沙漠或布列塔尼的荒野,这些都是天然的津梁,海洋的前庭,从这些地方就可以预感到海的伟大。任何人倘若经由这些渠道到海上去就一定会为这类预告海洋的过渡地带惊叹不已。沿着这些河流,全是灯芯草、柳树,各种植物,一望无际,宛如波浪翻腾不已。水亦依次混合,渐渐发咸,最后终于化为近海。在这片旷野中,在到达大海以前,首先看到的往往是长着蕨类和欧石南属粗而低矮的草的浅海地区。你还在一二法里以外,就可以看到不少瘦小、羸弱、若有愠色的树木,从它们的形态(我是指它们各自具有的奇异姿势)可以看出已经接近这伟大的暴君和它那威风凛凛的气势了。如果说这些树木没有被从根部攫住,那么它们显然是在逃遁;它们背对大敌,面朝陆地张望,仿佛准备离开,披头散发地奔溃疾走。它们躬着身子,一直弯到地面,好像站不住脚,尽在那儿随着风暴扭来扭去。还有些地方,树干短矬,让枝柯向横里无限延伸开去。海滩上,散落着许多贝壳,涌起一堆堆细沙;树木多已被沙土侵入,淹没。由于毛孔堵塞,没有空气,树已经窒息而死,但依然保持着原来的形状,呆在那儿,成了石头树、鬼树,禁锢于死亡之中,凄凉的阴影永远不能消失。

人们在没有看见大海以前,就听说并猜想到它的可怕了。开始,远方一阵阵苍郁而整齐的嘈杂声。渐渐地,一切喧嚣都给它让位,被它淹没了。一会儿,人们注意到这种庄严的更迭,同样的强烈而低沉的吼声毫无变化地回旋,跌宕,愈加奔腾呼号起来。这大钟不规则的响声,荡漾起伏,是在给我们计时吧!不过这钟摆可没有那种机械的单调乏味。人们感觉,仿佛感觉到生命的颤动声息。确实,涨潮的时候,海面一浪推过一浪,无边无际,宛如电掣,随海涛而来的贝壳、千万种不同生物的嘈杂声和澎湃的潮音交错在一起。落潮了,一阵阵轻微的嘁嘁喳喳使人们知道海水和着沙土把这帮忠实的水族又带了回来,纳入它宽广浩瀚的怀抱。

海还有多少别的声音啊!只要它一激动,它的怨喃和深沉的叹息跟忧郁的海岸的寂静适成对比。岸边仿佛正在凝神谛听着海的威胁,大海昨天还曾经以温馨的柔波抚弄过它呢。现在她要对它说些什么呢?我不想预测。我在这儿一点也不想谈起也许她将要给予的可怕的交响音乐和岩石的二重唱,她在岩穴深处发出的呻吟和沉闷的雷响,或是那种惊人的吼叫(人还以为在喊"救命!"呢……)。不,让我们在她低沉的日子听吧,此时她矫健有力,但并不凶猛。

格朗维尔原属诺尔曼,唯外观很像布列塔尼。它骄傲地以悬崖峭壁抵抗住巨浪的凶暴冲击,巨浪有时从北方带来英吉利海峡洋流不调和的狂怒,有时从西方卷起千里奔腾中不断壮大的洪波,以从大洋积累起来的全部力量猛扑过来。

我真喜欢这奇特而略略带着点哀愁的小城,小城的居民们是依靠最危险的远海捕鱼[①]为生。家家户户都懂得他们所依靠的只是碰运气,得彩头,不是生,就是死,拼着性命在干活。这一切使得这海岸严肃的性

① 这些渔民总是在新地沿岸捕鳕鱼。

格中染上了一种认真而和谐的气氛。我常常在这里领略这份黄昏的惆怅,或者在水面已经显得有些阴暗的海滩上散步,要不,我就从位于山崖绝顶的高城观看日头渐渐沉入微微蒙着雾霭的地平线。那茫无际涯的半圆时常印上一道道黑色和红色纹路,逐步沉没,不停地在天空绘制出奇妙的幻境,万道金霞,令人目眩。八月,已是秋季。这里已经不大有黄昏了。太阳刚下山,就立即吹起凉风,浪花涌起,黯淡无光。只见一些披着白色衬里的黑斗篷的妇女的影子在活动。倾斜的山坡牧场俯临海滩,高可百尺,野草稀疏,还有不少羊群滞留在那里,发出咩咩的哀鸣,益发增人愁思。

城堡甚小,面临大海,全呈黑色,笔直地高耸在北面深谷边缘,迎风而立,极其冷峭。这里都是一些简陋房屋。人们把我带到一个专门制作贝壳画的手艺人家。踏着石级,走进一间阴暗无光的小屋,从窄狭的窗子里我瞥见这个凄惨景象。这叫我像从前在瑞士的时候一样激动;那时,也是从一扇窗子里,完全出其不意地眺望到格兰瓦尔德[①]的冰川。我看冰川仿佛一个尖头的冰雪巨魔向我迎面走来。而这里,格朗维尔的海,波涛汹涌,犹如千军万马,奔腾而至。

这位屋主人并不老,但身体非常衰弱,易于激动。八月天气,他家的窗户还用破纸堵着。我一边观看他的作品一边谈话,我看得出他的脑筋有些颓唐,已经被一些家庭里的变故损坏了。他的兄弟早就在一次残酷的冒险中在这个海滩上死去。他觉得海就是灾难,海

---

① 格兰瓦尔德:此地在伯尔尼群山中。

似乎总是对他怀着恶意。冬天的时候,大海总是不倦地用冰雪和凛冽的寒风抽打他的窗子,不让他睡觉。她一刻也不停息地在漫长的黑夜里冲击他屋下的岩石。夏季,海向他展示不可估量的雷雨,闪电满天。逢到大潮的时候,那就更糟。海水上涨到六十尺,狂怒的惊浪跳跃得更高更欢,蛮横地一直打进他的窗子。当然不能说海永远坚持在那里。她满含敌意,狠狠地作弄他一番。他实在无法觅得一个避身之所,也许他不知不觉间被什么鬼魅吸住了吧。他好像不敢跟这位可怕的神祇彻底闹翻。他对海仍然保持着某种敬意。他从来不谈到海,通常总是暗指她,但从来不直呼其名,就像冰岛人在海上航行时不敢呼叫"乌格"①一样,怕它听见了就会到来。现在我还看见屋主人那张苍白的脸,他正凝视着海滩,说:"啊,这叫我害怕。"

① 乌格:北欧传说中能吞没船只的海中神兽。

听　泉

东山魁夷*

鸟儿飞过旷野。一批又一批，成群的鸟儿接连不断地飞了过去。

有时候四五只联翩飞翔，有时候排成一字长蛇阵。看，多么壮阔的鸟群啊！……

鸟儿鸣叫着，它们和睦相处，互相激励，有时又彼此憎恶，格斗，伤残。有的鸟儿因疾病、疲惫或衰老而失掉队伍。

今天，鸟群又飞过旷野。它们时而飞过碧绿的田原，看到小河在太阳照耀下流泻；时而飞过丛林，窥见鲜红的果实在树荫下闪灼。想从前，这样的地方有的是。可如今，到处都是望不到边的漠漠荒原。任凭大

---

* 东山魁夷(1908—1999)，日本风景画家和散文家。代表作有《京洛——四季组画》(画)、《东山魁夷文集》等。本文选自《东山魁夷散文选》，陈德文选译，天津：百花文艺出版社 1989 年版。

地改换了模样，鸟儿一刻也不停歇，昨天，今天，明天，它们继续打这里飞过。

不要认为鸟儿都是按照自己的意志飞翔的。它们为什么飞？它们飞向何方？谁都弄不清楚，就连那些领头的鸟儿也无从知晓。

为什么必须飞得这样快？为什么就不能慢一点儿呢？

鸟儿只觉得光阴在匆匆忙忙中逝去了。然而，它们不知道时间是无限的，永恒的，逝去的只是鸟儿自己。它们像是着了迷似的那样剧烈，那样急速地振翮翱翔。它们没有想到，这会招来不幸，会使鸟儿更快地从这块土地上消失。

鸟儿依然忽喇喇拍击着翅膀，更急速，更剧烈地飞过去……

森林中有一泓清澈的泉水，发出叮叮咚咚的响声，悄然流淌。这里有鸟群休息的地方，尽管是短暂的，但对于飞越荒原的鸟群来说，这小憩何等珍贵！地球上的一切生物，都是这样，一天过去了，又去迎接明天的新生。

鸟儿在清泉旁歇歇翅膀，养养精神，倾听泉水的絮语。鸣泉啊，你是否指点了鸟儿要去的方向？

泉水从地层深处涌出来，不间断地奔流着，从古到今，阅尽地面上一切生物的生死，荣枯。因此，泉水一定知道鸟儿应该飞去的方向。

鸟儿站在清澄的水边，让泉水映照着身影，它们想必看到了自己疲倦的模样。它们终于明白了鸟儿作为天之骄子的时代已经一去不复返了。

鸟儿想随处都能看到泉水，这是困难的。因为，它们只顾尽快飞翔。

鸟儿想错了，它们最大的不幸是以为只有尽快飞翔才是进步，它们以为地面上的一切都是为了鸟儿而存在着。

不过，它们似乎有所觉悟，这样连续飞翔下去，到头来，鸟群本身就会泯灭的，但愿鸟儿尽早懂得这个道理。

我也是鸟群中的一只，所有的人们都是在荒凉的不毛之地上飞翔不息的鸟儿。

人人心中都有一股泉水，日常的烦乱生活，遮蔽了它的声音。当你夜半突然醒来，你会从心灵的深处，听到幽然的鸣声，那正是潺湲的泉水啊！

回想走过的道路，多少次在这旷野上迷失了方向，每逢这个时候，当我听到心灵深处的鸣泉，我就重新找到了前进的标志。

泉水常常问我：你对别人，对自己，是诚实的吗？我总是深感内疚，答不出话来，只好默默低着头。

我从事绘画，是出自内心的祈望：我想诚实地生活。心灵的泉水告诫我：要谦虚，要朴素，要舍弃清高和偏执。

心灵的泉水教导我：只有舍弃自我，才能看见真实。

舍弃自我是困难的，甚至是不可能的，我想。然而，絮絮低语的泉水明明白白对我说：美，正在于此。

观　风

罗杰·阿斯克姆*

观风，一个人要用眼睛来看，那是不可能的，因为风的属性如此虚无而又飘渺；不过有一回我却得到这种亲身体验，那是四年前大雪飘落的时分。我骑马经过洼地上段通向市镇桥的大路，这条路过去是徒步旅行的人走出来的。两旁的田野一望无际，积雪盈尺；前一天夜间凝结起薄薄的霜冻，所以地面的积雪变硬结冰了。早晨阳光普照，灿烂明媚，朔风在空中呼啸，一年到了这个季候，已是凛冽侵骨了。马蹄阵阵踏过，大路上的积雪就松散开来，于是风吹雪飘，席卷而起，一片片滑落在田野里，彻夜霜寒地冻，田野也变硬结冰了，因此那一天风雪飞舞，我才有可能把风的属性看得

---

* 罗杰·阿斯克姆(1515—1568)，英国人文主义者、学者。著有随笔《神射手》，论文《校长》，散文《书札》等。本文选自《英国经典散文》，杨自伍主编，杨自伍译，上海：上海文艺出版社 2004 年版。

清清楚楚。而且我怀着十分喜悦快乐的心情把它铭记在心,如今我更是记忆犹新。时而风吹过去不到咫尺之遥,极目远眺,可以看见风吹雪花所到之处;时而雪花一次就飘过半边田野。有时雪花柔缓泻落,不一会儿便会激扬飘舞,令人目不暇接。而此时的情景我也有所感知,风过如缕,而非弥漫天地。原来我竟看到离我二十来步的一股寒风迎面袭来,然后相距四十来步的雪花没有动静。但是,地面积雪越来越多之后,又有一缕雪花,就在同一时刻,同样地席卷而起,不过疏密相间。一缕雪花静止不动,另一缕则疾飞而过,时而越来越快,时而越来越慢,时而渐渐变大,时而渐渐变小,纵目望去尽入眼帘。飞雪不是劈面而来,而是忽而曲曲弯弯,忽而散漫交错,忽而团团旋转。有时积雪吹向空中,地面一无所遗,不过片刻又会笼盖大地,仿佛根本没有起风一般,旋即雪花又会飘扬飞舞。

令人叹为观止的是,两股飘然而来的雪花一起飞扬,一股由西向东,一股北来东去。借着飘雪,我看见两股风流,交叉重叠,就像是在两条大路上似的。再一次,我竟听见空气中风声吹过,地面一切毫无动静。当我骑到万籁俱静之处,离我相隔不远的地方积雪竟是无比奇妙地向风披靡。这番体验使我更为赞叹风的属性,而不只是使我对风的知识有所了解;不过我也由此懂得了风中的人们打猎时失去距离不足为奇,因为风向变换不定,视线便转向四面八方。

山　缘

余光中*

我这一生，有三次山缘。中学时代在四川的乡下，四面都是青山，门对着日夜南去的嘉陵江，夜深山静，就听到坡下的江声隐隐，从谷口一路传来。后来去美国的丹佛教书，在洛矶排空的山影里过了两年。在丹佛，如果你朝西走，每一条街的尽头都是山影，不是一峰独兀，而是群山竞起。如果你朝西开车，就得把天空留在外面，因为几个转弯之后，你就陷入怪石的重围里去了。洛矶山地高亢而干燥，那一丛丛一簇簇鸟飞不上的绝峰，没有飘云可玩，只有积雪可戴。那许多高洁的雪峰，夐列天外，静绝人间，那一组不可相信却又不许惊呼的奇迹，就那么日夜供在天地之间，任我骇观了

---

* 余光中（1928—　），现代诗人、散文家。代表作有《舟子的悲歌》、《钟乳石》、《莲的联想》、《白玉苦瓜》等。本文选自《吐露港春秋》（中大学者散文选），黄维樑编，香港：中文大学出版社 1993 年版。

两年。

第三次山缘,在沙田。整个新界只是大陆母体生出来的一个半岛,而自身又生出许多小半岛来,探入浩阔的南中国海。海也是一样,伸进半岛之间成了内湾,再伸进更小的半岛之间成为小港。就这样,山与水互为虚实,绸缪得不可分解。山用半岛来抱海,海用港湾来拥山:海岸线,正是缠绵的曲线,而愈是曲折,这拥抱就愈见缠绵。我面前这一泓虚澄澄的吐露港上,倒映着参差交叠的侧峰横岭。浅青淡紫的脊线起起伏伏,自围成一个天地。这十年悠永的山缘,因水态而变化多姿。山的坚毅如果没有水的灵活来对照,那气象便单调而逊色了。丹佛的山缘可惜缺水。四川的山缘回响着水声,增添了袅袅的情韵。沙田的山缘里水韵更长。这里原是水蓝的世界,从水上看来,无论多磅礴多严峻的山势都浮泛在空碧的波上,石根磐柢所托,不过是一汪透明。山为水而开颜,水为风而改态,风景便活泼起来了。其间再飞回几只鸥,就算是水的灵魂。

文静如湖的吐露港,风软波柔,一片潋滟的蓝光,与其说是海的女儿,不如看作湖的表妹。港上的岛屿、半岛、长堤、渡轮,都像是她的佩饰,入夜后,更亮起渔火与曳长如链的橘色雾灯。这样明艳惹眼的水美人,朝暮供奉之不足,我岂敢私有?不过堤内的船湾淡水湖,千顷的纯碧放得下整个九龙半岛,水面谧无帆樯,似乎鸥鹭都不敢狎近,在我私心深处倒有点视为禁区,不希望别人鲁莽闯入。幸好她远在边陲,美名尚未远播,所以还没有怎么招引游人。台湾的朋友来港,只要天色晴美,我总是带去惊艳一番。一上了那六千尺的长堤，外面的海色尚未饮足，一回头更讶异这里面的湖光，竟然另辟出一个清明的世界。左顾右盼的朋友，总不免猛然吸一口气，叹道："想不到香港还有这样的景色！"于是一股优越感油然从我的心底升起。谁教他那样低估了香港呢，这猝不及防的一记"美之奇袭"，正是对他的薄惩。

惊艳稍定，不容来客多事反省，便匆匆推他上车，绕过雄赳赳的八仙岭，一路盘上坡去。新娘潭、乌蛟腾，也许下车一游，但往往过而不入。到鹿颈，则一定会停下车来，一方面为了在这三家村的小野店里打一下尖，吃一碗鱼丸米粉；另一方面，因为这里已经是天涯海角，再向前走就没有路了。所以叫做鹿颈，也许就是路尽了吧。

其实鹿颈再向前走并不是没有路，而是只有"单路"了。不是单行道，而是路面忽然变窄，只容一车驶过，可是对面仍然有车驶来，所以每隔三四十丈路面就得拓出一个半月形来，作避车之用。来去的车就这么一路相望而互让，彼此迁就着过路，也有一种默契心照的温情。偶尔也会绝路相对，两车都吃了一惊，总有一方倒车让路，退进半圆的避车处去。这条"绝处逢生的单路"，这头从鹿颈进去，那头接通沙头角公路出来，曲折成趣，竟然也有两公里的光景。可以想见，一路车辆不多，行人更是绝少，当然自成一片洞天，真是天才的妙想。

这条幽道的另一妙处，是一路紧贴着水边，所以一边是山，一边是沙头角海，简直可以说是为了看海而开。可是把我们招来这一带水乡的最大诱因；却是盐灶下对面的鹭洲。这“盐灶下”原是岸边的村名,对面湾中的鹭洲则是一座杂树丛生的小屿,不过一百码宽的光景,是野生禽类的保护区。岛上栖满了白鹭,总有七八十只。最好看是近暮时分,一只只飞回岛上,起起落落,栖息未定的样子。那一氅氅高雅的皎白,回翔在树丛青绿的背景上,强调得分外醒眼。这些都是黑腿黄喙的大白鹭,长而优美的颈项弯成天鹅的 S 状,身长大约三十五寸。有时会成群立在水浅处的石上,一齐迎风对着潮来的方向,远远望去,好像是虚踏在波间。俯首如在玄思,其实是在搜寻游鱼。最妙的绝技是灵迅地掠过水面,才一探喙,便翩翩拍翅飞起,嘴里却多了一尾小鱼,正在惶急地扭挣。

我们最爱在近岛的避车处歇下,面海坐在水边。群鹭看海,我们看鹭。偶然有一只挥动白羽,那样轻逸地滑翔在半空,把白点曳成了白线,顿时,风景也生动了起来。再栖定下来时,山还是山,水还是水。麻雀岭这一边屏住的世界,什么也没有发生,古渡舟横,只有野烧的白烟从从容容地在四围山色里升起。若问那一群涉水的白衣羽客,麻雀岭的背后是怎样的天空,你一定得不到答案。面对这一湾太平的水光和岚气,岁月悠悠,谁相信一山之隔,那一边曾经被文革捣得天翻地覆。而这一边,直到今天,矮矮的红树林仍然安静地蹲在岸边,白花花的鸭队仍然群噪着池塘。每次我们都说,鸟族知己的刘克襄如果来此地一巡,必定大乐。

不知有汉,无论魏晋。虽然沙头角在远处撑起了高厦,成为一角缺陷,这一片净土与清水却躲过了文明。泥头车、开土机都绕道而行,没有一头鹭被废气呛得咳嗽。我的朋友说："到了这里，一切都透明了。心里也是沙明水净。"于是我们像孩子一般漂起水花来。这一带，是我私心的一只宝盒，即连对自己也不轻易揭开，怕揭得次数多了，会把梦放掉。有时候也愿意让过境的朋友来一窥，而每次，车从鹿颈进去，都像是在轻启梦的宝盖。

鹿颈之为盒盖，不仅因为单路从这里开始，更因为那几户人家是蜷偎在山脚下，要绕过一座压人面额的绝壁，才会像顿悟一样，猝然发现里面的天地。香港多山，才会有这种峰回路转开阖多变的胜境。山丘占香港陆地的四分之三，但是土层稀薄，土壤不够肥沃，只能养出离离的青草和灌木，因此境内有不少较高的山峰都露出嶙峋的石壁或是荒野的陡坡，仰眺只见一片锈赭或淡紫红色。地质学家说，大约在两亿五千万年前的中生代，这里有剧烈的造山运动，被神力褶皱的变质岩与结晶岩里，侵入了花岗岩与火山岩。这也许可以说明，此地的山色为什么会呈赭紫带褐之色；像吐露港隔水的八仙岭，在山腰以上，尤其是到了秋后，就见这种色调。每次驶过山下，一瞥之际，总有重见洛矶山颜的幻觉。

（一九八五年一月沙田）

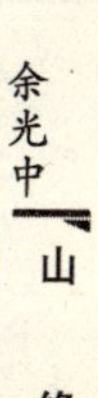

天目山中笔记

徐志摩*

佛于大众中　说我当作佛
闻如是法音　疑悔悉已除
初闻佛所说　心中大惊疑
将非魔作佛　恼乱我心耶

——莲华经譬喻品

山中不定是清静。庙宇在参天的大木中间藏着，早晚间有的是风，松有松声，竹有竹韵，鸣的禽，叫的虫子，阁上的大钟，殿上的木鱼，庙身的左边右边都安着接泉水的粗毛竹管，这就是天然的笙箫，时缓时急的参和着天空地上种种的鸣籁。静是不静的，但山中的声响，不论是泥土里的蚯蚓叫或是轿夫们深夜里“唱宝”

* 徐志摩(1897—1931)，现代诗人。代表作有《志摩的诗》、《翡冷翠的一夜》等。本文选自《徐志摩选集》，北京：人民文学出版社 1983 年版。

的异调,自有一种个别处:它来得纯粹,来得清亮,来得透彻,冰水似的沁入你的脾肺;正如你在泉水里洗濯过后觉得清白些,这些山籁,虽则一样是音响,也分明有洗净的功能。

夜间这些清籁摇着你入梦,清早上你也从这些清籁的怀抱中苏醒。

山居是福,山上有楼住更是修得来的。我们的楼窗开处是一片蓊葱的林海;林海外更有云海!日的光,月的光,星的光:全是你的。从这三尺方的窗户你接受自然的变幻;从这三尺方的窗户你散放你情感的变幻。自在;满足。

今早梦回时睁眼见满帐的霞光。鸟雀们在赞美;我也加入一份。它们的是清越的歌唱,我的是潜深一度的沉默。

钟楼中飞下一声宏钟,空山在音波的磅礴中震荡。这一声钟激起了我的思潮。不,潮字太夸;说思流罢。耶教人说阿门,印度教人说“欧姆”“O－m”,与这钟声的嗡嗡,同是从撮口外摄到合口内包的一个无限的波动:分明是外扩,却又是内潜;一切在它的周缘,却又在它的中心:同时是皮又是核,是轴亦复是廓。这伟大奥妙的“Om”使人感到动,又感到静;从静中见动,又从动中见静。从安住到飞翔,又从飞翔回复安住;从实在境界超入妙空,又从妙空化生实在——

“闻佛柔软香,深远甚微妙。”

多奇异的力量!多奥妙的启示!包容一切冲突性的现象,扩大霎那间的视域,这单纯的音响,于我是一种智灵的洗净。花开,花落,天外的流星与田畦间的飞萤，上绾云天的青松，下临绝海的巉岩，男女的爱，珠宝的光，火山的溶液：一婴儿在它的摇篮中安眠。

这山上的钟声是昼夜不间歇的，平均五分钟时一次。打钟的和尚独自在钟头上住着，据说他已经不间歇的打了十一年钟，他的心愿是打到他不能动弹的那天。钟楼上供着菩萨，打钟人在大钟的一边安着他的"座"，他每晚是坐着安神的，一只手挽着钟棰的一头，从长期的习惯，不叫睡眠耽误他的职司。"这和尚，"我自忖，"一定是有道理的！和尚是没道理的多：方才哪知客僧想把七窍蒙充六根，怎么算总多了一个鼻孔或是耳孔；那方丈师的谈吐里不少某督军与某省长的点缀；那管半山亭的和尚更是贪嗔的化身，无端摔破了两个无辜的茶碗。但这打钟和尚，他一定不是庸流不能不去看看！"他的年岁在五十开外，出家有二十几年，这钟楼，不错，是他管的，这钟是他打的（说着他就过去撞了一下），他每晚，也不错，是坐着安神的，但此外，可怜，我的俗眼竟看不出什么异样。他拂拭着神龛，神坐，拜垫，换上香烛，掇一盂水，洗一把青菜，捻一把米，擦干了手接受香客的布施，又转身去撞一声钟。他脸上看不出修行的清癯，却没有失眠的倦态，倒是满满的不时有笑容的展露；念什么经；不，就念阿弥陀佛，他竟许是不认识字的。"那一带是什么山，叫什么，和尚？""这里是天目山，"他说。"我知道，我说的是那一带的，"我手点着问。"我不知道，"他回答。

山上另有一个和尚，他住在更上去昭明太子读书台的旧址，盖着几间屋，供着佛像，也归庙管的，叫作茅棚。但这不比得普渡山上的真茅棚，那看了怕人的，坐着或是假着修行的和尚没一个不是鹄形鸠面,鬼似的东西。他们不开口的多,你爱布施什么就放在他跟前的篓子或是盘子里,他们怎么也不睁眼,不出声,随你给的是金条或是铁条。人说得更奇了。有的半年没有吃过东西,不曾挪过窝,可还是没有死,就这冥冥的坐着。他们大约离成佛不远了,单看他们的脸色,就比石片泥土不差什么,一样这黑刺刺,死僵僵的。"内中有几个,"香客们说,"已经成了活佛,我们的祖母早三十年来就看见他们这样坐着的!"

但天目山的茅棚以及茅棚里的和尚,却没有那样的浪漫出奇。茅棚是尽够蔽风雨的屋子,修道的也是活鲜鲜的人,虽则他并不因此减却他给我们的趣味。他是一个高身材,黑面目,行动迟缓的中年人;他出家将近十年,三年前坐过禅关,现在这山上茅棚里来修行;他在俗家时是个商人,家中有父母兄弟姊妹,也许还有自身的妻子;他不曾明说他中年出家的缘由,他只说"俗业太重了,还是出家从佛的好"。但从他沉着的语音与持重的神态中可以觉出他不仅是曾经在人事上受过折磨,并且是在思想上能分清黑白的人。他的口,他的眼,都泄漏着他内里强自抑制,魔与佛交斗的痕迹;说他是放过火杀过人的忏悔者,可信;说他是个回头的浪子,也可信。他不比那钟楼上人的不着颜色,不露曲折:他分明是色的世界里逃来的一个囚犯。三年的禅关,三年的草棚,还不曾压倒,不曾灭净,他肉身的烈火。"俗业太重了,不如出家从佛的好";这话里岂不颤栗着一往忏悔的深心?我觉着好奇;我怎么能得知他深夜趺坐时意念的究竟?

佛于大众中　说我当作佛
闻如是法音　疑悔悉已除
初闻佛所说　心中大惊疑
将非魔所说　恼乱我心耶

但这也许看太奥了。我们承受西洋人生观洗礼的,容易把做人看太积极,入世的要求太猛烈,太不肯退让,把住这热虎虎的一个身子一个心放进生活的轧床去,不叫他留存半点汁水回去;非到山穷水尽的时候,决不肯认输,退后,收下旗帜;并且即使承认了绝望的表示,他往往直接向生存本体的取决,不来半不阑珊的收回了步子向后退:宁可自杀,干脆的生命的断绝,不来出家,那是生命的否认。不错,西洋人也有出家做和尚做尼姑的,例如亚佩腊与爱洛绮丝,但在他们是情感方面的转变,原来对人的爱移作对上帝的爱,这知感的自体与它的活动依旧不含糊的在着;在东方人,这出家是求情感的消灭,皈依佛法或道法,目的在自我一切痕迹的解脱。再说,这出家或出世的观念的老家,是印度不是中国,是跟着佛教来的;印度可以会发生这类思想,学者们自有种种哲理上乃至物理上的解释,也尽有趣味的。中国何以能容留这类思想,并且在实际上出家做尼僧的今天不比以前少(我新近一个朋友差一点做了小和尚!)这问题正值得研究,因为这分明不仅仅是个知识乃至意识的浅深问题,也许这情形尽有极有趣味的解释的可能,我见闻浅,不知道我们的学者怎样想法,我愿意领教。

(一九二六年八月作)

第五辑
写 给 小 鼠

小　猫

罗伯特·林德*

猫是交谈的敌人。我有个朋友,在销声匿迹多年以后,最近终于在伦敦安居下来,与他相伴的有妻子,一只猫和一个花园。就因为那只猫,我才怀疑我们之间的友谊是否能继续下去。那天我去拜访他,被引进了花园,他和妻子正坐在帆布椅里。我有多少话要跟他说呀!我满怀喜悦,希望能从他口中听到老友和故地的名字,想告诉他自从他离开这儿,去了布宜诺斯艾利斯以后,有关这儿老朋友婚丧体咎的消息!我甚至很想见见他的妻子,尽管我并不怎么乐意我的朋友结婚。我们几乎还没来得及握手坐定,他就神色惊慌地

---

* 罗伯特·林德(1879—1949),英国报章作家和散文家。文集有《无知的乐趣》、《爱尔兰家庭生活》和《人生与文学随笔集》等。本文选自《英国经典散文》,杨自伍主编,杨怡译,上海:上海文艺出版社 2004 年版。

看着妻子说道:"奥利弗·克伦威尔哪儿去了?"他妻子惊恐不安地朝花园四处张望,并呼唤起来:"奥利!奥利!奥利!"哪儿也没有回音,于是问道:"他能跑到哪儿去呢?"接着便是一连串激动的对话:"他不会穿过篱笆跑到隔壁花园去的。""我一分钟前还见过他呢。""也许他还在桉树上,早上我出来时他就在那儿。只好去搬架梯子把他提下来了。""奥利!奥利!奥利!"(这是女人的嗓音。)"奥利弗·克伦威尔!"(这是男人的喊声。)"啊,他在那儿,从羽扇豆丛里出来了!""淘气的奥利弗·克伦威尔,你上哪儿去了?""咪咪,咪咪,咪咪,咪咪!""皮球在哪儿,斯黛拉?给,奥利弗,拿去玩吧,别打搅我们谈话,知道吗?"说着他轻轻地让球滚过草地。小猫盯着球,着了迷。它趴在草地上,伸长脖子,竖起耳朵,圆睁双眼,极其警觉地动了动尾巴。然后,它猛地向那只小球扑去,就在它即将碰到小球的刹那间,却调皮地弓起背侧身一跃,避开了小球,坐下来从膝部开始舔起自己的右前爪来,似乎已把球儿忘得一干二净了。"怎么样,"我的朋友洋洋自得地夸道,"你觉得奥利弗·克伦威尔怎么样?他漂亮吗?"我说是的。"快看,快看。"他的妻子打断了我们,只见那只小猫一个转身趴下,又扑向那只球,她咯咯笑着仿佛自言自语地说:"哦,他真是太可爱了!他真是太可爱了!"这回小猫当真扑上了小球,它把球捧在前爪间,抛向空中,接着又抱住球作了个后滚翻,还在草地上打了几个滚。而后,它似乎受惊了,拼命跑进花坛边上的黄精丛中,从枝梗间探头窥视刚才的猎物,像老虎隐身在丛林中一般。这一连串精彩绝伦的动作博得了我朋友夫妇的阵阵大笑。我的朋友说，他们真该把这只小猫叫辛格维利①。他大声说，小家伙耍球的本事简直妙极了。“多么聪明伶俐的小猫咪啊，”他妻子又开始自言自语起来，“比辛格维利灵巧多了，啊，灵巧多了。”她说着伸手将小猫搂进怀里。她抚爱着它，它就用爪子轻轻地抓拍她的衣裙；她的手抚摸过处，小猫每每拱起背，发出满足的咪咪声。我的朋友露出幸福的神情痴痴地凝视着他的宠物。我料想，他们夫妇俩也随时会心满意足地叫出声来的呢。小猫的咪咪声显然对他们有一种催眠移魂的作用，我怀疑他们是否还记得我的存在。

一个女佣端着茶点走来，她也一样，一放下盘子就用崇拜偶像似的傻乎乎的眼光注视着这只小猫。看来让她离去颇为困难，就在快走回住宅门口时，她还频频回过头来，似乎舍不得离开那可爱的小东西。“你记得杰克·鲁宾逊的猫吗？”我对我朋友说，想借此拉回到正常的交谈上来，然后我就可以问他是否听说可怜的杰克在一次游艇事故中遇难的消息。“我希望，”他的妻子说道，“你可别佯称人家也有像奥利弗·克伦威尔这样绝妙通灵的猫咪。因为，”她用下巴摩挲着她的小猫，又说道，“我们绝对不相信。是不是，奥利弗？”“可怜的老杰克——”我又开口说。“以前我总不理解他对猫的钟情，”我的朋友说，“直到我们有了这个小东西才明白。”“你不该叫奥利弗·克伦威尔小东西。”他妻子斥责道。“你可曾听到过杰克的死讯？”我

① 辛格维利：当时著名的杂技演员。

问道。“杰克死了？没有听说，怎么死的？小心！”他大叫一声。只见那只小猫从他妻子怀里一跃而出，穿过草丛去追一只蜜蜂。“我一向以为猫咪总不该糊涂得去追蜜蜂的。他总有一天会被蜂蜇伤的。可怜的老杰克！”这时，那只蜂和小猫都离开了。“我还是第一次听说呢。”于是我就告诉他事故发生的情形——杰克从游艇上摔了出去，显然是被摔晕了，因为他像一块石头般沉入了水中。我猜想汤姆的妻子并没有在听，因为当我把这件事讲完，我们还沉浸在短暂的沉默中时，她插话说道：“我敢肯定这回他抓到那只蜜蜂了，可怜的小宝贝！可怜的小傻瓜！”她一面喊，一面急步上前，抚摸着小猫用足踝捂着的下唇，仿佛那儿被蜂刺蜇了似的。我的朋友也走过去帮忙，说道：“看看能不能找到刺，也许我们能把它拔出来。”但就在此时，小猫瞥见一只颜色像洋白菜那样的白蝴蝶，便立刻从他们手里窜出去追开了，他俩顿时开怀大笑起来。“我压根儿就不相信他会被蜇，”我的朋友说，“可怜的老杰克！他的死真令人难以想象。你还记得有一天他和鲍比·斯通游到石礁去吗？鲍比怎样了？”“他被杀害了，”我告诉他，“在印度被害的，在一次吵架中。”“天哪！”我的朋友说。“奥利！奥利！奥利！”他的妻子又激动地呼叫起来，“哎呀，快去把他抓住，汤姆，否则他要跑到隔壁花园里去了。”汤姆站起身来，急步奔过草地，在赶上奥利弗·克伦威尔把头伸过篱笆时捉住了他。他把猫抱回来，放进他妻子怀里。“可怜的老鲍比！”他说，显然动了感情，“真奇怪，没人写信告诉过我。我常想他不知怎样了。在学校那会儿，他这家伙有多棒。”他的妻子，显然同样生出了一种敬畏之情，就像陌生人听到一个悲剧时那样。“他是你好朋友吗，汤姆？”她轻声问道。“是的，在学校里那会儿，”汤姆说，“离开学校后我们就不常见面了。”“他是同龄人中最杰出的全能型学者和运动员。”我告诉她。“他碰上这种事，真是太可怕了！”她一边抚摸着小猫一边说。这时，小猫瞥见一只苍蝇在女主人头旁嗡嗡飞舞，便攀上她的肩头去抓，接着又爬到她的颈后。“快帮帮我，汤姆，”她叫了起来，“他抠我的脖子。”汤姆一把揪住小猫的后颈毛，把它拎了起来，用责备的眼光看着它说：“瞧这儿，老兄，去玩你的球吧，让我们安静几分钟，我告诉过你别打扰我们的谈话。”

但是哪只猫会注意人对它说的话呢？在这天下午，我断断续续总算把几个朋友的情况告诉了汤姆：有一位成了郡法庭法官；一位当了医生；还有一位在美国当上了新闻记者，还发了财。但这是在不停的聒噪伴奏下讲完的——“猫咪，猫咪，猫咪！”“奥利，奥利，奥利！”“他喜欢在草花丛里打滚，汤姆，快去把他抱出来。”“我最喜欢猫咪把尾巴竖得像个问号。”“淘气的奥利弗·克伦威尔！你可不能去逮麻雀！”这使我感到，我就像在大风中对着一个聋子喊叫了几个小时那样精疲力竭。“再来玩。”我们握手道别时，朋友的妻子说。“记着，我们每个礼拜天都盼你来。”汤姆热忱地说。“回来，奥利弗·克伦威尔。”我们向大门走去后，他妻子的声音又传了过来：“小心别让他跑出大门，汤姆。”

我本人也是一个猫的爱好者，但我不喜欢让猫成为谈话的成员。我认为有客时主人不应该跟猫说话,它们可以呆在眼前,但不能作为谈论话题,可我自己是否能坚持这个原则尚不得而知,因为现在一只绝妙的小猫来到了我家。它是那么可爱,那么无畏,那么活跃,又是那么调皮。我家原先已有两只小黑猫。一只是"流浪者",是肉店老板送的。它的耳朵有普通的三倍大,长着一条耗子似的尾巴,所以它不会受到客人的青睐。但它温文尔雅,没有任何恶意的举动——除了对鸟儿和昆虫——所以还招人喜爱。另一只"黑脚趾夫人",非常漂亮,但脾气很坏。一天晚上我们去拜访菲里克斯时,她跑进我家,就此住下了。除了吃饭的时候以外,她从不心满意足地咪咪咪咪叫;如果你想去抚摸她,她就会咆哮着跑开。我想,她原来住的那家除了去拽她的尾巴,一定从未有人抚爱过她。现在新来的这只叫"老虎",他长着有条纹的身子,白色的前胸。在这个陌生的环境里,他每向前迈出一步,脚步极为轻灵:他用柔软的肉趾步步探测,落地时似乎比蓟花的冠毛还轻盈。只要他在房间里,我就休想看书。他哪张椅子没有检查过?他查勘书橱时那么好奇,每一个空隙都要小心翼翼地挤进去查究一番!黄昏时分,他用后腿站立,翩翩起舞,四处追逐飞蛾!他整小时整小时地玩耍着那用细线吊在椅子扶手上的钟摆似的纸球,欢快无比!他忽而仔细研究那根细线,扑打它、咬它;忽而跳上椅子,研究系球的绳结。他忽而仰躺在地板上踢那只纸球;忽而坐着像打乒乓似的用脚掌来回拍打纸球。他忽而跑到远处,然后朝纸球猛扑过去；忽而又抓住纸球，像足球运动员那样就地打滚。我想我该在“老虎”还是新来者时，请汤姆夫妇来看我。这将是一次惩罚，等我惩罚过他们后，不知道我是否会原谅他们。

狗 的 歌

叶赛宁*

清晨，在黑麦秆搭的狗窝里，
那儿草席闪着金色的光，
一条母狗下了七只狗崽，
七只狗崽的毛色都一溜棕黄。

从早到晚母狗抚爱着它的小狗，
用舌头舔梳它们身上的茸毛，
雪花儿融化成一滴滴的水，
在它温暖的肚皮下流过。

傍晚，当一群公鸡
栖落在暖和的炉台，

---

* 叶赛宁(1895—1925)，俄罗斯诗人。代表作有诗集《亡灵节》、《乡村祈祷书》等。本文选自《叶赛宁抒情诗选》，刘湛秋、茹香雪译，上海：上海译文出版社 1982 年版。

主人阴沉地走过来，
把七只小狗统统装进了麻袋。

母狗沿着雪堆奔跑，
跟着主人的脚迹追踪。
而那没有结冻的水面，
长久地、长久地颤动。

当它踉踉跄跄回来时已无精打采，
边走边舔着两肋的汗水，
那牛栏上空悬挂的月牙，
在它眼里也好像是自己的小宝贝。

它凝望蓝色的天空，
悲伤地大声哀叫，
纤细的月牙滑过去了，
隐入小丘后田野的怀抱。

当人们嘲笑地向它扔掷石块，
像是扔过一串串赏钱，
只有两只狗眼在无声地滚动，
宛若闪亮的金星跌落雪面。

（1915 年）

写给小鼠

彭　斯*

一七八五年十一月耕地时犁翻鼠窝，小鼠惊走，见而赋此。

呵，光滑、胆怯、怕事的小东西，
多少恐惧藏在你的心里！
你大可不必这样匆忙，
一味向前乱闯！
我哪会忍心拖着凶恶的铁犁
在后紧紧追你！

我真抱憾人这个霸道的东西，
破坏了自然界彼此的友谊，

---

* 彭斯(1759—1796)，苏格兰诗人。代表作有《诗集》、《一朵红红的玫瑰》等。本文选自《彭斯诗选》，王佐良译，北京：人民文学出版社1985年版。

于是得了一个恶名，
连我也叫你吃惊。
可是我呵，你可怜的友伴，土生土长，
同是生物本一样！

我知道你有时不免偷窃，
但那又算什么？你也得活着呼吸！
一串麦穗里捡几颗，
这点要求不苛。
剩下的已够我称心，
不在乎你那一份。

可怜你那小小的房屋被摧毁，
破墙哪经得大风来回地吹！
要盖新居没材料，
连荒草也难找！
眼看十二月的严冬就逼近，
如刀的北风刮得紧！

你早见寂寞的田野已荒芜，
快到的冬天漫长又艰苦，
本指望靠这块避风地，
舒舒服服过一季。
没想到那残忍的犁头一声响，
就叫你家园全遭殃！

这小小一堆树叶和枯枝，
费了你多少疲倦的日子！
如今你辛苦的经营全落空，

赶出了安乐洞!
无家无粮,就凭孤身去抵挡
漫天风雪,遍地冰霜!

但是鼠呵,失望不只是你的命运,
人的远见也一样成泡影!
人也罢,鼠也罢,最如意的安排
也不免常出意外!
只剩下痛苦和悲伤,
代替了快乐的希望。

比起我,你还大值庆幸,
你的烦恼只在如今。
我呢,唉,向后看
一片黑暗;
向前看,说不出究竟,
猜一下,也叫人寒心!

狮 子

布 封*

就人类而言,气候的影响只在种类变化相当少上表现出来,因为人类只有一种①,而且它与其他所有的动物截然区分开来;人,在欧洲是白人,在非洲是黑人,在亚洲是黄种人,在美洲是红种人,只不过是因气候而带上肤色的同样的人:由于人生来是为了统治地球的,而且整个地球是人的活动领域,所以,人的本性看来适合于各种环境;在南方的烈日下,在北方的冰雪中,人生活着,繁殖开来,从远古就散布到各地,以致人看来并不偏爱任何一种特别的气候。相反,对动物而言,气候的影响更为强烈,以更明显的特性反映出来,因为动

* 布封(1707—1788),法国博物学家。著有《博物史》。本文选自《法国经典散文》,郑克鲁主编,郑克鲁译,上海:上海文艺出版社 2004 年版。

① 布封经常表示这种观点,他强烈反对奴役黑人。

物千殊万别，而它们的本性还远远没有完善，比人的本性范围狭小得多。不仅每种动物的品种比人类更多，更明显不同，而且类别的不同本身似乎取决于不同的气候；有的动物只能分布在炎热的地方，还有的只能生存在寒冷的气候中；狮子从来不生活在北方地区，驯鹿从来在南方地区见不到，也许没有一种动物像人类一样，分布在地球的各个部分；每种动物都有各自的地域，各自的故乡，出于躯体的需要，留在其中，每一种动物都是它所生活的土地之子，正是从这个意义上来看，可以说，这样或那样的动物出自这样或那样的气候。

在热带地区，走兽比寒带或温带地区更高大和更强壮；它们也更大胆，更凶猛；它们所有的特性似乎都来自气候的炎热。狮子生在非洲或印度的烈日之下，是所有动物中最强壮、最凶暴、最可怕的：我们地区的狼，我们地区的其他食肉兽，远远不是它的对手，可能仅仅够得上做它的供应者[①]。美洲狮如果名副其实的话，就像那里的气候一样，远远比非洲狮更温和；这就清楚地证明了，非洲狮的异常凶猛来自异常炎热，在同一地区，生活在气候更温和的高山上的动物，本性不同于生活在异常炎热的平原上的动物。阿特拉斯山[②]的峰顶有时积雪，山上的狮子就不如比勒杜尔日里德[③]或者撒哈拉的狮子那样大胆、有力和凶恶；那里的平原盖满了火热的沙子。那些可怕的狮子尤其待在灼热的

① 有一种猞猁被称作狮子的供应者。——原注

② 阿特拉斯山：北非山脉，从阿尔及利亚延伸至撒哈拉沙漠。

③ 比勒杜尔日里德：这个地区北起阿特拉斯山，南至撒哈拉，西至摩洛哥，东至的黎波里一带。

沙漠里，它们造成旅客的恐怖，成为邻近各省的灾害；幸亏狮子数量不是很多；甚至看来日益减少，因为据跑遍非洲这个地区①的人证实，如今那里已经没有从前那么多的狮子，差得远呢。肖先生说，罗马人为了娱乐观众②，从利比亚获得的狮子比今日能在那里找到的多五十倍。同样，人们注意到，在土耳其、波斯和印度，目前狮子远比从前少；由于这种强有力和大胆的野兽猎获所有其他的动物，我们只能把它数量的减少归于人类数量的增加；因为必须承认，兽王的力量抵不过一个奥堂托③人或一个黑人的灵巧，他们常常敢于用相当轻便的武器面对面袭击狮子。狮子除了人，没有别的死敌，今日，狮子种类缩小到五十来种，或者可以说，只有从前的十分之一，因此，人类自古罗马以来数量非但没有大大减少（正如许多人认为的那样④），反而增加了，扩展了地域，分布到更多的地方，甚至在利比亚这样的地区，那里的人在大约迦太基时代，比本世纪的突尼斯和阿尔及尔的人力气看来更大。

人类的灵巧随着人口递增而增长；而动物的灵巧始终如一：一切有害的动物，例如狮子，似乎被降至和减少到一个小数目，不仅因为各地的人更多了，而且因为人变得更灵巧，懂得制造无法抵御的可怕武器：如果将铁与火结合起来，只不过是为了消灭狮子或老虎，那真是太幸运了！……

---

① 今日那里的狮子已完全消失。

② 古罗马人让角斗士同狮子等猛兽搏斗。

③ 奥堂托：南非部落。

④ 这是18世纪引起争论的问题；虔信者认为人口减少，而哲学家认为人口增加。

也可以说，狮子不是残忍的，因为它只是出于需要才残忍，它吃多少才消灭多少，一旦它吃饱，它便完全安定下来；而老虎、狼和其他更低级的野兽，例如狐狸、石貂、黄鼠狼、白鼬等等，杀生仅仅是为了杀生，在它们大量的捕杀中，好像更多是想满足狂热，而不是为了填饥。

狮子的外表决不与它内在的巨大优点相悖；它的脸庄重，目光自信，举止傲然，声音可怕；它的身姿决不像大象或犀牛那样过大，既不像河马或牛那样笨重，也不像鬣狗或熊那样矮壮，同时也不像骆驼那样过长，因不成比例而变形，相反，它是那样匀称，那样比例得当，以致狮子的身躯看来是力量加灵活的典范；既结实又强壮有力，肌肉和油脂都不过多，而且没有任何过量的东西，筋与肌肉发达。这种肌肉的伟力，表现在狮子轻而易举地作出惊人的跳跃和扑腾，表现在它的尾巴足以将人击倒在地的突兀动作，表现在它活动脸部、尤其额头的皮肤的灵巧，这能大大加强它愤怒的姿态，尤其是表情，最后，表现在它能够摆动鬣毛，不仅能竖起，而且在它愤怒时能朝各个方向飘拂和颤动。

狮子饥饿时正面攻击出现的一切动物；但是，由于它非常可怕，所有的动物都竭力避免遇到它，它便往往不得不躲藏起来，等待动物经过；它匍匐在茂密的树林中，极其有力地扑将起来，常常一跃便攫住动物：在沙漠和森林中，它通常的食物是羚羊和猴子，虽然要等猴子下地才能捕获，因为它不像老虎和美洲狮那样能爬树；它一次吃得很多，塞饱肚子过两三天；它的牙齿异常锐利，能轻易地咬碎骨头，它连肉带骨一起咽下去。

狮吼非常响，夜晚在沙漠里回声此起彼伏，活像打雷一样……它愤怒时的咆哮比吼声还要可怕；这时，它用尾巴拍打两肋，它拍击地面，它晃动鬣毛，扭动脸部皮肤，耸动粗大的眉毛，露出咄咄逼人的牙齿，伸出末梢极其坚硬的舌头，它足以舔下皮肤，用不着牙齿，也用不着仅次于牙齿、它那最犀利的武器即爪子，便将肉撕碎。

除了所有这些特殊的高贵品质以外，狮子还要加上族类的高贵；我所说的高贵族类，指的是大自然中那些持久的，不变的，不会让人怀疑降级的族类：它们一般离群索居，独来独往；它们以鲜明的特性为特征，既不会让人错认，又不会让人与其他任何动物混淆起来。以人为例，人是最高贵的创造物，人类是独一无二的，因为一切种族、一切气候、一切肤色的人都能互相混淆，一起生养，与此同时，不能说任何动物都属于人，相互之间没有或近或远的自然亲缘关系。就马而言，马科不像单个那样高贵，因为马与驴为邻族，驴看来甚至相当近地与马属于同一族类，因为这两种动物能够生出新的个体……

因此，狮子是最高贵的族类之一，因为它是独一无二的，人们不会把狮子同老虎、豹子、雪豹等等混同，相反，虎、豹看来接近狮子，它们之间很少区别，易为旅行者混淆，而且专业词汇分类者把它们看作一类。

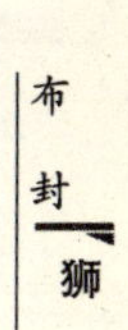

我和黑猩猩交上了朋友

珍妮·古多尔*

老母猩猩芙洛在公猩猩中交游甚广。有一次,芙洛把它的倾慕者都领进了营地。除了迅速走进草地来吃香蕉的大卫和戈利亚之外,还有马伊克、简·比、马克·格利戈尔、哈克司利、利基、西龙、鲁道尔夫、哈姆弗里——一句话,我所认识的公黑猩猩几乎全到场了。它们呆在灌木丛中,没敢靠近帐篷。后面还有几只母的和幼年的黑猩猩,后来,我们的客人见到香蕉不禁馋涎欲滴,终于壮着胆子纷纷从丛林中跑了出来。

这样的,黑猩猩们对营地很快就熟悉了,并且从此成了常客。我和雨果(作者的丈夫)结婚前从坦桑尼

---

* 珍妮·古多尔(1934—),英国著名女灵长类学家。1960 年在肯尼亚自然历史博物馆馆长利基的支持下,只身进入坦桑尼亚森林考察野生黑猩猩,历时 30 多年,揭开了黑猿王国的内幕。本文选自其《黑猩猩在召唤》,张锋译,北京:科学出版社 1980 年版。

亚贡贝禁猎区传来消息，说是芙洛生了儿子。为了尽快返回贡贝，我们把原来计划中的蜜月缩短到了3天。当我们赶回禁猎区时，芙洛的新儿子已经满7周了。我们把它取名叫做弗林特。它真是又小又弱，肚皮和胸前的皮肤是粉红色的，一点毛也没有。当芙洛带着攀附在它身上的婴儿，走得离我们很近时，我们是何等激动啊！弗林特真是妙不可言：它有一张苍白的带皱褶的脸，一双闪光的小眼睛，一对圆圆的粉红色的小耳朵，弯着挺小挺小的粉红色的小指头，老是不断地抓着芙洛的毛，开始用小嘴去探索乳头。芙洛帮助它，把它稍稍抬高些。它吮了两三分钟的奶，大概是睡着了，芙洛用手紧紧抱着它，慢慢走开了。

在我们离开营地的这一段时间，多明尼克和克里斯又接待了许多新的来访者，它们中间还包括一些母黑猩猩，新客人们开始经常光临营地。马伊克取代戈利亚成了黑猩猩之王，而我们所观察的一只年轻的母黑猩猩密利莎怀孕了。此时还传来了令人不甚愉快的消息：黑猩猩在营地的举动变得越来越放肆了。它们任意破坏和拆毁营地的建筑物，黑猩猩的灵巧又发挥了威力。费冈和艾维莱德把木棍伸进铁丝下边，撬开了箱盖上的铁门。愈来愈多的黑猩猩，学着大卫的样子，钻进帐篷，乱抛被褥和东西。这样，逼得我们把一切东西一股脑儿放进大铁箱或木箱子里。由于戈利亚带头，整个猿群对篷布都大感兴趣。一小群、一小群的黑猩猩坐在一起，把帐篷的一角或者椅座撕成小片，然后惬意地大嚼起来，有些帐篷就这样报销了。后来木头也变成了吃香的东西，于是，柜门、椅子腿也都无影无踪了。

这时,几只最大、最胆大妄为的公黑猩猩,又干起袭击非洲居民茅屋和拿起他们的衣服的事来了。我们经过认真的讨论,决定立刻将饲食站转移到离村子远些的深谷中去。我们在新地点设置了投喂香蕉的箱子,以后又把帐篷和装备搬了过去。为了避免引起黑猩猩的不安,这一切都是在夜间悄悄进行的。

剩下的事就是让我们的黑猩猩熟悉这块新地方了。一早我就呆在饲食站,期待着有哪只黑猩猩偶尔来此拜访。我为它们准备了香蕉。雨果在下面老营地里,我们用随身携带的步话机交谈。11点光景雨果通知我,老营地里来了大群猿猴,他准备将它们带往新的营地。我听他说的是:要我尽快地到通到新营地的小路上,尽量多抛撒些香蕉。

我抓起一大串香蕉,奔跑着去迎接雨果。我很快看见了他——他腋下夹着箱子,手里拿着一只香蕉,沿着小路奔跑着。雨果往后面掷出这唯一的一只香蕉,气喘吁吁地跑着,摔倒在我旁边。也就在这个时候,一群黑猩猩在小路上出现了。它们看见了抛撒在地上的成串的香蕉,兴奋得尖叫起来,互相拥抱和接吻,享受着这意外的盛宴。过一会儿,它们的尖叫声逐渐沉寂,嘴巴被香蕉塞满了。

黑猩猩很快习惯了这个新设的饲食站。它们习惯于在森林里转悠觅食,因此搬迁一事并未引起特别的周折。

在这离湖遥远的新营地里,黑猩猩感到格外安适。到新营地领取香蕉的,有一些我们不相识的新人物。

某些年龄的猿群,例如少年黑猩猩和年轻的母黑猩猩,过去是很少登门的,现在也光临了。这使我们很高兴,我们终于可以填补观察记录上的空白了。一看到新的来客,我们立刻在营帐里躲藏起来,通过防蚊纱窗注视着它们。由于没有人在场,新的来访者对营地它们所不熟悉的营帐和箱子,很快就习惯了。我们甚至从箱子中取出好几大串香蕉,并将它分散地摆在可以看见的地方,期待着新的来访者可能通过向我们的老相识请求,而得到一些香蕉,或者哪怕是捡起一点丢弃的香蕉皮。然而新的客人行动很迟疑,它们长久地坐在围绕营地的树上,并小心地注视着同伴们的行动。我们也注视着它们,尽管在密不通风的帐篷里炙烤得闷热难忍,但是我们的苦楚并没有白受。

有一次,戈利亚出现在我们营地附近,还有一个我们不认识的外皮红肿的母黑猩猩陪伴着。我和雨果赶紧在箱子前摆出一串香蕉,并躲进了帐篷。母黑猩猩一看见我们的营地,便疾如闪电地攀上树梢,坐了下来。戈利亚停了一会儿,望了母黑猩猩一眼,然后看着香蕉,果断地朝营地方向移动。走了几步它重又停下,再看看它的"女伴",母黑猩猩还呆在原地。于是戈利亚继续向前走,但就在这时,母黑猩猩悄悄地从树上溜下来,钻进了灌木丛中。戈利亚见此情景,便也急忙返身奔去。几分钟以后,那位"女伴"又爬上了另一棵树。而尾随着它的是毛发蓬松的戈利亚。戈利亚开始狂热地为母黑猩猩捋毛,但想吃香蕉的念头显然使它难以安宁——它不时朝营地的方向张望,香蕉使它馋涎欲滴,欲罢不能。

就这样到达了设着营帐的林间草地，戈利亚碰到的问题更加复杂了——从地面上它看不见“女伴”，而附近又没有树。有三次它往回走，以便爬到最近的一棵树上去观察。“女伴”还坐在原先的地方。最后，戈利亚下定了决心，直奔香蕉。它只抓起一只香蕉，就奔回到大树。“女伴”一直留在原地，戈利亚一吃完香蕉，就立即从树上溜下来，奔回香蕉，把整串香蕉都抓走了。就在这时，只见它的“女伴”偷偷地溜下了树，并不时张望营地那边，当“女伴”确信戈利亚警惕的眼睛不再跟踪着它时，她便悄然消失了。

戈利亚一惊，丢掉了香蕉，开始搜索“女伴”：它搜寻了灌木丛，不时爬上树去寻觅“女伴”。但这样还是没有找到“女伴”，于是它便干脆放弃这种毫无结果的寻找，返回营地。它坐在地上吃着香蕉，偶尔瞥视了一下原先“女伴”坐过的地方。看来它已疲惫不堪了。

大约就在这个时候，我们第一次发现了费冈的杰出才能。饲食站来访者的数目日益增多，以前的饲食系统无论对它们或是对我们都已经不适合了。从基戈马订制的钢制箱盖显然不敷应用，而母黑猩猩和小黑猩猩老是得不到自己的那份香蕉。所以我们开始将果品藏在枝叶里。少年黑猩猩，特别是费冈，很快地学会了找到它们。有一次，成群的黑猩猩已经吃完东西，费冈看到了树枝间谁也没有留意的香蕉。但是它不能立即就去拿，因为在这棵树下坐着戈利亚。费冈很快地瞅了戈利亚一眼，走到一旁，在帐篷后面坐了下来，而从那儿它是可以看见香蕉的。过了15分钟，戈利亚站起来走了，这时费冈闪电般地扑向大树，抓得了果品。

非常清楚，费冈是估计了形势的：如果它过早爬上树去，戈利亚肯定会从它那儿夺走果品的。费冈也不能停留在原先的地方——它自己会老盯着香蕉，这放美味的地方最后将被其他黑猩猩发现，因为它们会根据它眼睛的活动看破这一点。所以费冈不仅克制住自己的那种急切的欲望，甚至后退了一步。为了不致“满盘皆输”，像一个优秀的竞技者一样做了一个漂亮的假动作，巧妙地赢得了最后的胜利。我与雨果为费冈的行为感到震惊，而它以后还不止一次地使我们惊奇过。

照例，只要一只黑猩猩离开正在休息的猿群朝外走去，其余的就会起身跟着走。不仅是首领，即使是母黑猩猩和将成年的黑猩猩一带头，别的黑猩猩也会跟着走。有一次，费冈和一群黑猩猩一起来到饲食站，以便得到两三只香蕉。突然，它站起来向森林里走去。别的黑猩猩都跟着它。大约过了10分钟，它独自回来了，自在地吃起香蕉来。我们以为这只不过是巧合，因为以前没有发生过这样的事。但是后来这种场面又出现了多次：费冈引走猿群，自己再回来吃香蕉。毫无疑问，它是有意这样干的。有一次，它耍了手腕以后，无忧无虑地又回到营地来了，看到营地里有一只等级地位相当高的公黑猩猩。公黑猩猩安安静静地吃着香蕉。费冈长久凝视着他，然后拼命大叫，用脚跺地。它叫喊着，去追赶刚被它引开的猿群了。它的叫声在远处久久未能平息。

这座营地对我们新婚夫妇来说是一处妙不可言的胜地。营帐隐设在成片的油棕树的浓荫里。不大的林间草地，绿草如茵，爽心悦目；石栗树鲜红的花朵给这片翠绿增添了特殊的色调;金色的太阳鸟飞来飞去采着蜜;傍晚,谨慎的林羚不时地从营前驰过。在林间草原的远端,溪流淙淙作响,傍晚我们就在清凉的溪水中游泳。

这是多么幸福而难忘的时候啊!山林之美任凭我们享受,爱情充实了我们的生活,而工作,又给我们带来了极大的欢悦。我们更加勤奋地观察动物,并了解了许多新的东西。

过了几个星期,我们进行了一次十分有趣的观察。那天,我和雨果见到了黑猩猩是怎样“制作”工具的。我们一面慢慢地跟着奥尔莉、吉尔卡和艾维莱德在林中漫步,一面对它们进行着观察。忽然,艾维莱德站住了,它对着一棵被风吹倒了的树干,弯下身子向一个小树洞里察看着。然后它摘下一些树叶,嚼了一嚼再吐出,并将吐出的树叶塞进了这个树洞里。当它从树洞取出一团嚼过的树叶的时候,我们清楚地见到了树叶团上面挂满了水滴。艾维莱德从自制的“海绵”里吮吸水分,又将它重新放进“泉水”里去。这时候吉尔卡走近它,同时仔细观察着它的行动。当小哥哥饮干了“泉水”以后,吉尔卡也做了一块小小的“海绵”,将它塞入树洞里;但是没有喝成水,因为水已经没有了。吉尔卡丢掉“海绵”走开了。以后,我们在离营地不远处倒下的树干上人为地挖了个不大的洞,我们便多次看到,黑猩猩怎样使用树叶做的“海绵”。它们总是预先嚼嚼树叶,因此就自然大大地增强了这种“海绵”的吸水能力。这是有意地改变物体,并使用它们作为工具的又一个重要实例。

同命运的小鱼

萧　红*

我们的小鱼死了。它从盆中跳出来死的。

我后悔,为什么要出去那么久!为什么只贪图自己的快乐而把小鱼干死了!

那天鱼放到盆中去洗的时候,有两条又活了,在水中立起身来。那么只用那三条死的来烧菜。鱼鳞一片一片地掀掉,沉到水盆底去;肚子剥开,肠子流出来。我只管掀掉鱼鳞,我还没有洗过鱼,这是试着干,所以有点害怕,并且冰凉的鱼的身子,我总会联想到蛇;剥鱼肚子我更不敢了。郎华剥着,我就在旁边看,然而看也有点躲躲闪闪,好像乡下没有教养的孩子怕着已死的猫会还魂一般。

---

* 萧红(1911—1942),现代作家。代表作有《生死场》、《呼兰河传》等。本文选自《萧红文集》(第3卷),张毓茂、阎志宏编,合肥:安徽文艺出版社1997年版。

“你看你这个无用的，连鱼都怕。”说着，他把已经收拾干净的鱼放下，又剥第二个鱼肚子。这回鱼有点动，我连忙扯了他的肩膀一下：“鱼活啦，鱼活啦！”

“什么活啦！神经质的人，你就看着好啦！”他逞强一般地在鱼肚子上划了一刀，鱼立刻跳动起来，从手上跳下盆去。

“怎么办哪？”这回他向我说了。我也不知道怎么办。他从水中摸出来看看，好像鱼会咬了他的手，马上又丢下水去。鱼的肠子流在外面一半，鱼就死了。

“反正也是死了，那就吃了它。”

鱼再被拿到手上，一些也不动弹。他又安然地把它收拾干净。直到第三条鱼收拾完，我都是守候在旁边，怕看，又想看。第三条鱼是全死的，没有动。盆中更小的一条很活泼了，在盆中转圈。另一条怕是要死，立起不多时又横在水面。

火炉的铁板热起来，我的脸感觉烤痛时，锅中的油翻着花。

鱼就在大炉台的菜板上，就要放到油锅里去。我跑到二层门去拿油瓶，听得厨房里有什么东西跳起来，噼噼啪啪的。他也来看。盆中的鱼仍在游着，那么菜板上的鱼活了，没有肚子的鱼活了，尾巴仍打得菜板很响。

这时我不知该怎样做，我怕看那悲惨的东西。躲到门口，我想：不吃这鱼吧。然而它已经没有肚子了，可怎样再活？我的眼泪都跑上眼睛来，再不能看了。我转过身去，面向着窗子。窗外的小狗正在追逐那红毛鸡，房东的使女小菊挨过打以后到墙根处去哭……

这是凶残的世界，失去了人性的世界，用暴力毁灭了它吧！毁灭了这些失去了人性的东西！

晚饭的鱼是吃的，可是很腥，我们吃得很少，全部丢到垃圾箱去。

剩下来两条活的就在盆里游泳。夜间睡醒时，听见厨房里有乒乓的水声。点起洋烛去看一下。可是我不敢去，叫郎华去看。

“盆里的鱼死了一条，另一条鱼在游水响……”

到早晨，用报纸把它包起来，丢到垃圾箱去。只剩一条在水中上下游着，又为它换了一盆水，早饭时又丢了一些饭粒给它。

小鱼两天都是快活的，到第三天忧郁起来，看了几次，它都是沉到盆底。

“小鱼都不吃食啦，大概要死吧？”我告诉郎华。

他敲一下盆沿，小鱼走动两步；再敲一下，再走动两步……不敲，它就不走，它就沉下去。

又过一天，小鱼的尾巴也不摇了，就是敲盆沿，它也不动一动尾巴。

“把它送到江里一定能好，不会死。它一定是感到不自由才忧愁起来！”

“怎么送呢？大江还没有开冻，就是能找到一个冰洞把它塞下去，我看也要冻死，再不然也要饿死。”我说。

郎华笑了。他说我像玩鸟的人一样，把鸟放在笼子里，给它米子吃，就说它没有悲哀了，就说比在山里好得多，不会冻死，不会饿死。

“有谁不爱自由呢？海洋爱自由，野兽爱自由，昆虫也爱自由。”郎华又敲了一下水盆。

小鱼只悲哀了两天，又畅快起来，尾巴打着水响。我每天在火边烧饭，一边看着它，好像生过病又好起来的自己的孩子似的，更珍贵一点，更爱惜一点。天真太冷，打算过了冷天就把它放到江里去。

我们每夜到朋友那里去玩，小鱼就自己在厨房里过个整夜。它什么也不知道，它也不怕猫会把它攫了去，它也不怕耗子会使它惊跳。我们半夜回来也要看看，它总是安安然然地游着。家里没有猫，知道它没有危险。

又一天就在朋友那里过的夜，终夜是跳舞，唱戏。第二天晚上才回来。时间太长了，我们的小鱼死了！

第一步踏进门的是郎华，差一点没踏碎那小鱼。点起洋烛去看，还有一点呼吸，腮还轻轻地抽着。我去摸它身上的鳞，都干了。小鱼是什么时候跳出水的？是半夜？是黄昏？耗子惊了你，还是你听到了猫叫？

蜡油滴了满地，我举着蜡烛的手，不知歪斜到什么程度。

屏着呼吸，我把鱼从地板上拾起来，再慢慢把它放到水里，好像亲手让我完成一件丧仪。沉重的悲哀压住了我的头，我的手也颤抖了。

短命的小鱼死了！是谁把你摧残死的？你还那样幼小，来到世界——说你来到鱼群吧，在鱼群中你还是幼芽一般正应该生长的，可是你死了！

郎华出去了，把空漠的屋子留给我。他回来时正在开门，我就赶上去说：“小鱼没死，小鱼又活啦！”我一面拍着手，眼泪就要流出来。我到桌子上去取蜡烛。

他敲着盆沿，没有动，鱼又不动了。

“怎么又不会动了?”手到水里去把鱼立起来，可是它又横过去。

“站起来吧。你看蜡油啊！……”他拉我离开盆边。

小鱼这回是真死了！可是过一会又活了。这回我们相信小鱼绝对不会死，离水的时间太长，复一复原就会好的。

半夜郎华起来看，说它一点也不动了，但是不怕，那一定是又在休息。我招呼郎华不要动它，小鱼在养病，不要搅扰它。

天亮看它还在休息，吃过早饭看它还在休息。又把饭粒丢到盆中。我的脚踏起地板来也放轻些，只怕把它惊醒，我说小鱼是在睡觉。

这睡觉就再没有醒。我用报纸包它起来，鱼鳞沁着血，一只眼睛一定是在地板上挣跳时弄破的。

就这样吧，我送它到垃圾箱去。

第六辑
夜莺之歌

鸟

梁实秋*

我爱鸟。

从前我常见提笼架鸟的人，清早在街上溜达（现在这样有闲的人少了）。我感觉兴味的不是那人的悠闲，却是那鸟的苦闷。胳膊上架着的鹰，有时头上蒙着一块皮子，羽翮不整的蜷伏着不动，哪里有半点瞵视昂藏的神气？笼子里的鸟更不用说，常年地关在栅栏里，饮啄倒是方便，冬天还有遮风的棉罩，十分的“优待”，但是如果想要“抟扶摇而直上”，便要撞头碰壁。鸟到了这种地步，我想它的苦闷，大概是仅次于粘在胶纸上的苍蝇，它的快乐，大概是仅优于在标本室里住着罢？

我开始欣赏鸟，是在四川。黎明时，窗外是一片鸟

---

* 梁实秋（1903—1987），现代学者、作家。代表作有《偏见集》、《莎士比亚全集》（翻译）、《雅舍小品》等。本文选自《梁实秋散文》（第一集），刘天华、维辛编选，北京：中国广播电视出版社 1989 年版。

啭，不是吱吱喳喳的麻雀，不是呱呱噪啼的乌鸦，那一片声音是清脆的，是嘹亮的，有的一声长叫，包括着六七个音阶，有的只是一个声音，圆润而不觉其单调，有时是独奏，有时是合唱，简直是一派和谐的交响乐。不知有多少个春天的早晨，这样的鸟声把我从梦境唤起。等到旭日高升，市声鼎沸，鸟就沉默了，不知到哪里去了。一直等到夜晚，才又听到杜鹃叫，由远叫到近，由近叫到远，一声急似一声，竟是凄绝的哀乐。客夜闻此，说不出的酸楚！

在白昼，听不到鸟鸣，但是看得见鸟的形体。世界上的生物，没有比鸟更俊俏的。多少样不知名的小鸟，在枝头跳跃，有的曳着长长的尾巴，有的翘着尖尖的长喙，有的是胸襟上带着一块照眼的颜色；有的是飞起来的时候才闪露一下斑斓的花彩。几乎没有例外的，鸟的身躯都是玲珑饱满的，细瘦而不干瘪，丰腴而不臃肿，真是减一分则太瘦，增一分则太肥那样的秾纤合度，跳荡得那样轻灵，脚上像是有弹簧。看它高踞枝头，临风顾盼——好锐利的喜悦刺上我的心头。不知是什么东西惊动它了，它倏地振翅飞去，它不回顾，它不悲哀，它像虹似的一下就消逝了，它留下的是无限的迷惘。有时候稻田里伫立着一只白鹭，拳着一条腿，缩着颈子，有时候“一行白鹭上青天”，背后还衬着黛青的山色和釉绿的梯田。就是抓小鸡的鸢鹰，啾啾的叫着，在天空盘旋，也有令人喜悦的一种雄姿。

我爱鸟的声音鸟的形体，这爱好是很单纯的，我对鸟并不存任何幻想。有人初闻杜鹃，兴奋的一夜不能睡，一时想到“杜宇”、“望帝”，一时又想到啼血，想到客愁,觉得有无限诗意。我曾告诉他事实上全不是这样的。杜鹃原是很健壮的一种鸟,比一般的鸟魁梧得多,扁嘴大口,并不特别美,而且自己不知构巢,依仗体壮力大,硬把卵下在别个的巢里,如果巢里已有了够多的卵,便不客气的给挤落下去,孵育的责任由别个代负了,孵出来之后,羽毛渐丰,就可把巢据为己有。那人听了我的话之后,对于这豪横无情的鸟,再也不能幻出什么诗意出来了。我想济慈的《夜莺》,雪莱的《云雀》,还不都是诗人自我的幻想,与鸟何干?

鸟并不永久地给人喜悦,有时也给人悲苦。诗人哈代在一首诗里说,他在圣诞的前夕,炉里燃着熊熊的火,满室生春,桌上摆着丰盛的筵席,准备着过一个普天同庆的夜晚,蓦然看见在窗外一片美丽的雪景当中,有一只小鸟踢蹐缩缩的在寒枝的梢头踞立,正在啄食一颗残余的僵冻的果儿,禁不住那料峭的寒风,栽倒地上死了,滚成一个雪团!诗人感谓曰:“鸟!你连这一个快乐的夜晚都不给我!”我也有过一次类似经验,在东北的一间双重玻璃窗的屋里,忽然看见枝头有一只麻雀,战栗地跳动抖擞着,在啄食一块干枯的叶子。但是我发现那麻雀的羽毛特别的长,而且是蓬松戟张着的:像是披着一件蓑衣,立刻使人联想到那垃圾堆上的大群褴褛而臃肿的人,那形容是一模一样的。那孤苦伶仃的麻雀,也就不暇令人哀了。

自从离开四川以后,不再容易看见那样多型类的鸟的跳荡,也不再容易听到那样悦耳的鸟鸣。只是清早遇到烟突冒烟的时候,一群麻雀挤在檐下的烟突旁边取暖,隔着窗纸有时还能看见伏在窗棂上的雀儿的映影。喜鹊不知逃到哪里去了。带哨子的鸽子也很少看见在天空打旋。黄昏时偶尔还听见寒鸦在古木上鼓噪,入夜也还能听见那像哭又像笑的鸱枭的怪叫。再令人触目的就是那些偶然一见的囚在笼里的小鸟儿了,但是我不忍看。

夜莺之歌

加百列·邓南遮*

夜莺在歌唱。起初，歌声散发着悦耳的、喜气洋洋的欢欣，又犹如珍珠跌落玻璃琴键①，在空气中弹出一串柔和的颤音。随后，一片沉寂。一声婉转的啼鸣升将起来，极其轻盈，摇曳不绝，仿佛是为了展示力量，表明勇气，为了向一名陌生的对手发出挑战。这三种音调的旋律，渗透着一种捉摸不定的情感，仿佛是由芦苇制作的纤细的长笛或牧童的风笛抒发出的声声轻柔的变奏，五回或六回重复着小小的企求。

第三次沉寂。歌声转化为哀歌，无精打采地展开，犹如一声叹息，显得缓和，犹如一声呻吟，显得软弱，传

---

* 加百列·邓南遮(1863—1938)，意大利作家。代表作有《新歌》(诗歌)、《死城》(剧本)、《生命之火》(小说)等。本文选自《意大利经典散文》，吕同六主编，吕同六译，上海：上海文艺出版社2004年版。

① 指一种由一系列半圆形玻璃琴键组成的乐器的琴键。

达了一名孤独的恋人的忧伤，一种凄清的愿望，一种徒然的期待；它发出了一声呼唤，最终的、突然的、尖利的呼唤，犹如一声悲凉的呐喊，然后消失了。

另一次沉寂，愈发抑郁的沉寂。于是听到一种新的声音，它仿佛不是发自那原先的喉管，它显得那么胆怯、谦卑、哀幽，它那么像初生的鸟儿的唧唧叫鸣，像麻雀的声声啁啾；然后，这真纯的乐音，以令人惊奇的反复变化，渐渐化为愈来愈急促的音符，它们在颤动的歌声的飞翔中闪烁，在清晰曼妙的歌吟中振荡，在无比大胆的回环中奔突，忽儿跌落，忽儿拔高，径直上升到高音之部。

歌者显然陶醉于自己的歌声。沉寂是如此的短暂，各种音符因而几乎未曾消失。歌者更把自己的陶醉倾注于充溢着激情和柔情、低回和嘹亮、轻俏和沉重的始终多姿多彩的旋律之中；这旋律时而被纤弱的呻吟或悲戚的恳求，奔放的冲动或高尚的召唤而打断。

花园仿佛也在洗耳恭听，天穹也向忧伤的树木俯下身子，而那位隐身的诗人，正从树的枝头，煽动诗的波浪。簇簇鲜花深深地、静悄悄地呼吸。西方地平线上凝聚着某种昏黄的光团；白昼的最后回眸是忧伤的，几乎是凄切的。不过，一颗星星已然升起，那么鲜亮，颤悠悠，犹如一滴灿烂的露珠。

山鹑(外二篇)

列那尔*

山　鹑

山鹑跟庄稼人和平地生活在一起,庄稼人在犁后头,山鹑呆在紧邻的苜蓿地里,他俩总保持着一定的距离,互不干扰。山鹑挺熟悉庄稼人的声音,任他怎么叫喊、詈骂,她心里都不害怕。

犁铧咯吱咯吱作响,牛咻咻地吐气,驴放开喉咙大叫,她知道这没什么。

然而这份平静气氛被我破坏了。

我一到,山鹑就飞起了,庄稼人也不安宁,牛也不行,驴也不行。我开了一枪,我这个讨厌的人造成了多少喧嚣,整个大自然都给搅乱了。

---

* 列那尔(1864—1910),法国小说家、散文家、戏剧家。代表作有《胡萝卜须》和《自然纪事》。本文选自《列那尔散文选》,徐知免译,天津:百花文艺出版社2005年版。

这些山鹑，起初被我从残余着麦茬的地里赶出去，随后又被我从苜蓿地里赶出去，后来我又从草地里，沿着篱笆，从树林的一角赶出去，再后来呢……

忽然，我停下来，汗流浃背，我大声叫道：

“啊！野东西，尽让我这样跋涉奔波！”

我老远就瞥见草地中间那棵树脚下有点什么。

我走近篱笆，展眼一望。

我仿佛看见树荫底下有个鸟儿，脖子高高耸起。我的心跳加快了。这草丛中一定有不少山鹑。那只母山鹑听见我走近，一声招呼，小山鹑都卧倒了。母山鹑也伏下身去，只有脖子还仍然昂首，她的守望。那脖子一动不动，我怕弄错，因此犹豫着不向树根开枪。

这儿那儿，围绕着大树，有不少黄色印迹，是山鹑还是一堆土块，真使我有点眼花缭乱。

如果我把山鹑轰起，树枝肯定会挡住我开枪的视线，我真想贴地面开它一枪，也顾不得犯了被正规猎人称之为谋杀的行径了。

但是被我看作山鹑脖子的那个东西总是纹丝不动。

我观察了好久。

如果这真是一只山鹑，那么她这份静坐、警觉功夫就真了不起，其余的山鹑都学她的样，真配得上这位守望者，一动都不动。

我做了个假动作。我把整个身子隐藏在篱笆后头，我不再去窥视了，因为我凝望山鹑多久，她也同样盯住我看多长时间。

现在我们俩彼此都望得见，四外，死一样的寂静。

然后,我又再注视她。

啊!这一回,我拿稳了!山鹑以为我不在,高高地昂起脖子,随即蓦地把头一缩,这一下可暴露了自己。

我慢慢地把枪托贴上我的胸膛……

晚上,又疲惫又厌倦,在进入一个猎物丰富的美梦以前,我想起这一天所打到的山鹑,我想象她们正度过怎样的夜晚。

她们陷于一片慌乱。

为什么有的会不在了呢?

为什么有的会痛苦地啄着自己的伤口,站立都站立不稳了呢?

为什么人们已经开始叫她们害怕了呢?

现在,当她们一落地,那放哨的鸟儿就发出警报。快走,赶快离开草丛,离开这片麦茬地。

快快地逃吧,甚至听到平素熟稔的喧声,她们也感到胆战心惊。

她们不再跳跳蹦蹦,到处嬉游了,她们不吃也不睡。

她们什么也不知道。

如果把一只受了伤的山鹑身上落下的羽毛插在我引以自豪的猎帽边沿,我决不觉得这过于张扬。

自从下雨太多或是天气太干旱之后,我的狗什么也嗅不出了,这样我射击起来愈来愈不准确,而山鹑也变得难以接近了,我相信自己是处在正当防卫的状况下。

有些鸟类,如喜鹊、松鸦、乌鸫、画眉,富有自尊心的猎人是不打的,我这个人就挺自尊。

我只喜欢打山鹑。

她们非常机灵!

她们这份机灵,就是我还没有到呢,老远就飞开了,不过我还是抓得住她们,教训她们一番。

她们往往等猎人走过去,然后才从身后展翅飞起,飞早了猎人会折回的。

或者她们躲在浓密的苜蓿丛中,而猎人却径直走去。

或者是飞一个弧圈形,但是这样她却反而越来越靠近。

或者只跑不飞,当然她们跑得比人要快,不过还有狗呢。

或者在人们把她们冲散之后互相鸣叫召唤,可是她们这就也唤来了猎人,对于猎人来说,没有什么比她们的歌声更悦耳的了。

这对年轻的伴侣已经开始单独在一处生活了。这天晚上,我从一块耕过的田地边沿走过,偶然撞见了她们。她俩紧紧偎依着比翼腾起,我开枪打死一只,另一只也倒栽下来。

一只什么也看不见了,早已丧失了感觉,而另外一只还能看到她的伴侣死去,并且也感到自己即将死在她的身边。

她俩,在大地的同一个地方,遗留下一点爱情,一泓鲜血和几滴眼泪。

猎人只发了一枪,却打下了两只鸟儿:你快回去告诉你家里的人吧。

一窝雏儿被消灭了,去年的两只老的还互相爱抚着不减青春,我也不猛追她们。偶然,被我打死一只。随后我又寻找另外一只,也被我击中了,多么可悲!

这一只有一只脚已经折断,耷拉在那儿,就好像被我用一根线系着似的。

另外一只起初还随着别的鸟儿飞翔,直到她的翅膀支撑不住了;她挣扎着,尽在地上扑腾,奋力在狗的前面快跑,轻捷地滚入犁沟中间。

这一只头上中了一个铅子儿。她离了群,冲上天空,晕头转向,飞得比树木,比钟楼顶上的风向鸡还高,朝着太阳飞去。猎人,心里万分焦灼,一会儿就望不见鸟儿了,正在这时候,那鸟儿由于脑袋沉重,终于栽了下来。她收敛双翼,嘴先着地,像一支箭。

那一只落下,了无声息!好像人们驯狗时扔给狗的一块碎布。

那一只,枪声一响,就像一只小船似的微微一晃,翻倒下去。

谁也不知道这一只怎么死的,那创伤隐藏在羽毛底下吧。

我连忙把鸟儿放进了我的猎袋,就像是我害怕被瞧见,我怕她看到我似的。

不过我一定得掐死这只不愿死去的鸟儿。她在我的手指之间空搔着脚爪,张着嘴喙,她那细巧的舌头在不断颤动,但是在她的眼睛上,就像荷马①所说的,正降下一层死亡的阴影。

那边,庄稼人听见我的枪声,不禁抬起头来望我。

---

① 荷马:古希腊史诗诗人。

这个在田间劳动的人才是审判者呢;他将要跟我说话,他将用他沉重的声音使我因此而感到惭愧。

可是不:有时我碰见的是一位挺喜欢嫉妒的庄稼人,他因为没有像我这样行猎而感到恼火;有时却是一位我最爱跟他逗趣的正直的庄稼汉,他指给我被我打中的山鹑落在何方。

从来我不曾遇到一个大自然意志的愤怒的代言人。

今天早晨,我跋涉了五个小时,又回到家里,我猎袋空空,只顾耷拉着脑袋,拖着一支沉重的枪。天气闷热得像快起风暴了,我的狗也疲惫不堪,在我面前碎步走着,他沿着篱笆,经常在树荫下面坐坐,等等我。

忽然,当我穿过一块青翠的苜蓿地的时候,他跌倒了,他匍匐在地下,定定地不动,像植物那样;只有尾巴上的毛还颤动不已。果然,就在他鼻子底下好多山鹑。山鹑紧紧地挤在一起,躲风,躲太阳。她们看见了狗,也看见了我。兴许她们认出了我,直惊愕得动弹不得。

我从迟钝中猛醒过来,我准备好,等待着。

我的狗和我,我们都不先动。

蓦地,几乎是同时,这群山鹑飞了:身子紧贴在一道,像一只鸟儿那样,我赶忙对着鸟群就是一枪,像一拳打过去似的。其中一只被击中了,旋转着滚下来。狗跳过去,给我衔来一块鲜血淋淋的半只山鹑。另外一半被密集的铅子儿打烂了。

好吧,我们并不是一无所获!狗欢跳着,我得意洋洋地摇晃着身子。

唉!我屁股上真该挨一枪!

鹿

我从小路的一头走进树林，这时他从林子的另外一头到来。

起先我以为是一个陌生人顶着一盆花在走路。

随即我瞥见一株矮矮的小树，枝条扶疏，没有叶子。

最后，鹿一下子出现了，于是我俩都停住脚。

我跟他说：

“过来吧，别害怕。别看我背着枪，这不过是模仿那些神气十足的人，摆摆派头，我可从来不用，我的子弹都还搁在子弹盒子里。”

鹿细听，嗅嗅我的话音。我一说完，他毫不犹豫地撒腿就跑，他那两条腿像一阵风，刮得树枝一会儿交叉，一会儿又分开。他逃跑了。

“多遗憾！”我向他直叫嚷，“我本来还想着咱们一道上路呢。我啊，我要亲手给你送上一把你爱吃的草，而你呢，你就在叉角上横担着我的枪，款款漫步吧。”

雀　鹰

开初他在村庄上空画圆圈。

远远望过去不过是一只苍蝇，一个煤烟子。

愈飞愈近，他渐渐大起来了。

有时他定住不动。家禽都发出惶惑不安的信息。鸽子返回到屋顶上了。一只母鸡，用急促的声调呼唤幼雏，只听见警惕性最高的鹅群在家禽棚之间嘎嘎地直叫嚷。

雀鹰犹豫着，仍然在同样的高度上翱翔。兴许他只是跟钟楼上那只雄鸡[①]有点过不去。

简直像有根线把他悬在空际。

蓦地，线断了，雀鹰直栽下来，正击中在他的猎物上。这可是一幕悲剧啊。

可是，真令人惊讶，它还没着地就顿住了，仿佛他浑身轻捷得失去了重量，接着，他一振翅又升上了天空。

他看到我在家门口侦伺，看到我躲在那儿，在我身子后面，有个长长的闪光的东西。

---

① 这是一只风信标，竖在高处测定风向用的。

野�

志贺直哉*

我喜欢野鹁鸽的形象,也喜欢听它特别粗壮的叫声。在世田谷新町住家时听到过,有几次去大仁温泉时也常常听到。它们总是成对地飞。现在住的热海大洞台山庄地势很高,常常见到一对野鹁鸽飞过齐眼高的空中,已经看得很熟了。

这年春天,是猎季的最后一天,住在吉浜锻冶屋的福田兰童君,肩上扛着猎枪跑来,说是刚打鸟回来,拿几只竹鸡、野鹁鸽和白头翁送给我们,战后还没吃过这些野禽,得了这礼物很高兴。

“再去打几只来吧。”他说了。我便提议:

“还是一起上热海打野鸭去吧!”

---

* 志贺直哉(1883—1971),日本作家。主要作品有《清兵卫与葫芦》、《范氏犯罪》、《在城崎》、《暗夜行路》等。本文选自《牵牛花》,楼适夷译,长沙:湖南人民出版社 1981 年版。

福田君是打鸟、钓鱼、捕鲍鱼的高手，又打得一后好麻雀，我们常常输给他。去打野鸭，那意思也是上热海去看广津和郎君，福田很高兴，马上同意了。

“下班公路车几点钟？”问了班车的时间。

“还有半小时，你先准备一下，我还可以去打一回鸟。”他说着，便把脚上的皮鞋换上水袜子，上后山去了。

约过了二十分钟，福田君回来了。我并没有听到枪声，以为他没有打到鸟，可是却带来了野鹁鸽、白头翁和黄道眉，鸟身上还带着体温，这是二十分钟内的收获。

我准备好了，等福田又把水袜子换了皮鞋，便一起下山，搭班车到热海去。

第二天，我发现空中那对野鹁鸽，只有一只在飞了。飞的样子也慌慌张张的，隔一段路，后面另有一只拼命赶上来。每天看惯了的，现在成了一只，一天中总有好几次在我眼前飞来飞去。那时我对一起吃了的竹鸡和白头翁倒不以为意，就是对福田君从别处打来的野鹁鸽也没有介意，可是，几个月来天天看惯的野鹁鸽，现在成了独自飞行，心里很不好受。打鸟的不是我，可是吃的是我，总觉得心里不安。

又过了几个月，我看见又有一对在飞，以为那野鹁鸽已找到了新对象，重新结婚了，觉得有点高兴。可是不对，这对是新搬来的，从前那只，依然孤零零地在飞。这情况一直继续到今天。

近来，又到猎季了。住在邻近的一位熟人，养着两头血统名贵的英国种赛特猎狗，常见他穿着猎装在近处出入。那猎狗虽挺厉害,可是狗主人打鸟的手段,倒是可以使鸟儿放心的。可怕的是那位穿水袜子的福田兰童君,四五天前,他又来了。

我对他说:“今年你可别再打了吧。”

“你是这样挂在心上么?那我把剩下的那只也替你收拾了吧。”

他笑着说了。对于鸟儿,他就是这样可怕的人。

(1950 年 1 月)

蝉

乔祖埃·卡尔杜齐*

一八五七年七月,圣米尼亚托阿尔特德斯科周围的山上,阳坡里的蝉叫个不停,它们叫得多么响啊!

为了搞清蝉鸣的确切含义,杰拉尔迪尼和范范尼查找了弗朗切斯科·阿卢诺的那本《世界的工厂》,去查"蝉鸣"这个动词意味着什么。如果是一只蝉在叫,它喜欢自己孤零零地叫个没完,那么"蝉鸣"这个词还是很合适的。但是,当很多很多的蝉齐声合唱时,亲爱的语言学家们,那可就不是什么"蝉鸣"了!

那么多的蝉在鸣叫,那是什么样的叫声啊!四周是一座座果园,无花果树的绿荫把这些果园一个个分开;山下平坦处是一片片的田野,绿色越来越让位于金

---

* 乔祖埃·卡尔杜齐(1835—1907),意大利诗人,1906年获诺贝尔文学奖。代表作长诗《撒旦颂》。本文选自《意大利经典散文》,吕同六主编,刘儒庭译,上海:上海文艺出版社2004年版。

黄色、灰黄色和夏季的尘灰色；对面是瓦尔达诺山的一座座山峰，波浪起伏，优美动人，活像一队活泼可爱的姑娘，手拉手向前奔跑，边跑边唱，嬉笑着左顾右盼。所有这一切，在晴空炽热阳光的照射之下，令人激动，令人激情满怀。在平地和连绵不断的山岭交界处，一排杨树显得十分突出，那排杨树枝叶繁茂，树干挺拔，身后是起伏的山峰，像给这排杨树披上了浓密的白发；杨树掩映之下，是一片河滩，白色的鹅卵石在下午炎热的阳光下泛着白光。在令人倍感亲切的托斯卡纳地区的那个夏季，蝉的鸣叫是多么响啊！

我始终也未能弄清，拉丁诗人们为什么那么仇恨蝉鸣，为什么那样诋毁蝉鸣。他们说，蝉的鸣叫嘶哑、不和谐、刺耳。从维吉尔[①]开始，已经对蝉不那么客气了：

知了烦怨的鸣叫使树木不得安宁

而阿里奥斯托[②]也曾一度丧失了他的伟人风度：

一只孤零零的蝉以它那令人心烦的韵律
将高山峡谷和天空大海震聋。

希腊人把蝉叫作大地的女儿，尊为当地的高贵的象征。如果我没记错的话，在阿里斯托芬[③]的喜剧中，

---

① 维吉尔（前70—前19）：古罗马诗人，著作有《牧歌十章》、长诗《农事诗》和史诗《埃涅阿斯记》等。一般被认为是荷马以后最重要的史诗诗人，但丁在《神曲》中以他为老师和带路人。

② 阿里奥斯托（1474—1533）：意大利文艺复兴时期著名诗人。

③ 阿里斯托芬（约前446—前385）：古希腊喜剧诗人，共写44部喜剧，对后世影响极大。

民众出场时头上戴的是金蝉的花冠。雅典人也吃蝉，而我还是喜欢欣赏它们的叫声。

啊！在那布满尘埃的灰色的枝叶之间，在那白蒙蒙的山坡上的黄色岩石裂缝中，在那皴裂的休闲地的铁锈色的缝隙中，这些黑色小动物在歌唱，它们的两只大眼睛一动不动，三只生动的小眼盯着背脊上的软骨，它们是多么可爱啊！它们的生命有多久，就会鸣叫多久，也就是说，只要它们爱唱，它们就会鸣唱。鸣唱的是公蝉，母的不唱，世上的母性都没有诗兴。六月底，蝉即开始鸣唱。在阳光明媚的早晨，暖烘烘的太阳刚刚升起，带来了初夏的一丝令人陶醉的夏意，这时，蝉即开始鸣唱，汇合成那首一成不变的又响又尖的抒情诗。开始是一个、两个、三个、四个，有多少棵树就有多少个蝉；然后是十个、二十个、一百个、一千个，不知从哪里加入进来，它们在阳光下疯狂地鸣叫，就像那位希腊诗人描写的那样，它们欢唱起来；再后来，天气越来越热，七月份来临，所有的蝉汇合成了统一的大合唱，音调也高了，声响也大了。它们唱啊唱啊，在农夫们的头上、身旁和脚边，唱个没完。农夫的夏收结束了，但这蝉的大合唱仍不会结束。在夏天的炎热之中，好像整个大地都在唱，好像所有的山都在唱，好像所有的树林都在唱。总之，好像这歌声使得大地在阳光之下伸展开来，把它的青春活力都沉浸在欢呼新爱意的无边无际的歌声里。在这样的明媚气氛和歌声之中，我感到无忧无虑，我想把我的人的意识也融化进去，把我的大地母亲的快乐同我融为一体：我感到，我的每一根神经、我的一切感觉，像那些蝉一样都在激动地欢跳，都在激动地欢唱。我并没有被无声的坟墓的阴冷埋葬！我还要活下去，我还要歌唱，我是我的永恒的母亲的一个小小的原子，是她的一个组成部分。啊，幸福的提图斯，快让蝉摆脱曙光的拥抱吧！古代的人啊，你们是多么幸运啊，像希腊所想象的那样，像具有非凡见识的柏拉图所讲的那样，你们的整个生命都是在宙斯的声音中耗损的，由于宙斯的声音，你们把一切统统忘记，包括食物和爱情，直至多情的诸神把你们变成蝉。

在托斯卡纳和罗马涅地区，蝉鸣的时间很长。当然，到后来蝉越来越少，这里一声，那里一声，很不协调，这样一直唱到九月。我甚至在九月的秋雨之后还听到过蝉鸣。大地的女儿这样鸣唱，几乎像是在尽自己的义务，那该是多么辛苦啊！然而，孤零零的一只蝉在秋风的哀鸣和绿叶的温存间孤鸣，那又是多么可悲可叹啊！我也成了九月的一只蝉，我既不埋怨，也不呼吁，更不嫉妒，我只是在习习的秋风中回忆一八五七年七月的激情和可爱的托斯卡纳地区的那些夏日。

蜗　牛

蓬　热*

与以热灰为家的未燃尽的煤屑相反，蜗牛喜欢潮湿的土地。Go on. 它们全身贴地往前走。它们身上带着泥土，泥土是它们的食物，也是它们的排泄物。泥土穿过它们的身体。它们穿越泥土。这是情趣奥妙的相互渗透，因为可以说这是同一颜色的深浅的变化：其中一个是积极成分，一个是消极成分，消极成分围绕、喂养积极成分，而积极成分边移动边进食。

关于蜗牛，还有许多别的话要说，首先，它自身的湿润。它的冷血。它的延伸性。

此外，我们无法想象一只抛开背上甲壳而静止不动的蜗牛，它休息时立即将身体缩进壳内。相反，由于

---

* 蓬热（1899—1987），法国现代诗人。代表作有《抒情序曲》、《物象录》等。本文选自《世界文豪问题散文经典　自然之歌》，张昌华、汪修荣编，程依荣译，贵阳：贵州人民出版社1995年版。

腼腆，它一露出那赤裸的身体，一露出它脆弱的外形，就赶紧往前运动，刚一暴露就迅急前进。

干燥的季节，它们隐居在壕沟里，而且它们的存在似乎有助于居住地的潮润。那儿，也许有其他冷血动物与它们为邻，如癞蛤蟆、青蛙，可是，它们离开壕沟采用不同的方式。蜗牛更有资格住在那儿，因为它离去时要付出更大的代价。

然而要记住，它们虽然喜爱潮湿的土地，但并不喜欢那泽国的湿土：如沼泽、池塘。它们当然更喜欢坚实的土地，但这种土地必须是肥沃和湿润的。

它们也爱吃蔬菜和水分充足的绿叶植物。它们懂得挑选最嫩的叶子，食后仅仅留下叶脉。如此，它们是蔬菜的大患。

它们待在壕沟底干什么？它们喜欢那儿的环境，但那儿总不是久留之地。它们是壕沟的常客，但它们向往浪游的生活。而且它们在沟底和在泥土的小径上一样，背上的甲壳依然使它们显得矜持。

当然，到处背着这样一个壳儿确实是个累赘，但它们并不抱怨。相反，它们把这当成一件幸事。无论走到什么地方，它们随时可以躲进自己家里，使那些居心叵测的人无可奈何。这实在是一种可贵的长处，为此付出代价完全值得。

它们由于有这个能耐、这个方便而洋洋自得：我是一个如此敏感、如此脆弱的生命，怎么能够固若金汤，不怕那些讨厌的东西的袭击，享受幸福和安宁？于是，这背上的掩蔽所应运而生。

我如此紧紧地附着于地面、如此令人怜悯、如此缓慢、如此一往直前、如此有本事离开地面缩进我的家屋，我还有什么忧愁？任你把我踢到什么地方，我有把握在命运放逐我的土地上重新站立起来，重新附着于地面，而且在那儿找到我的饲料——泥土，这最普通的食粮。

啊，当一只蜗牛是多么幸福、多么快活！它还用自己的流涎在它接触过的一切东西上面留下印记。它身后是一道银光闪闪的轨迹。

蜗牛是孤独的，的确如此。它的友人寥寥无几。可是，为了生活得幸福，它并没有这种需要。它同大自然如此亲密地粘附在一起，它如此亲切地享受大自然的恩宠；它是它所拥抱的土地和菜叶的朋友；它是天空的朋友。它骄傲地抬起头颅和那双敏锐的眼珠：高贵、从容、睿智、自豪、自负、骄傲。

请不要说蜗牛在这方面和猪相似。不，它没有那种平庸的小脚、那种惴惴不安的碎步小跑。

燕 子

席慕蓉*

初中的时候,学会了那一首《送别》的歌,常常爱唱:

长亭外,古道边,芳草碧连天……

有一个下午,父亲忽然叫住我,要我从头再唱一遍。很少被父亲这样注意过的我,心里觉得很兴奋,赶快再从头来好好地唱一次:

长亭外,古道边……

刚开了头,就被父亲打断了,他问我:

"怎么是长亭外?怎么不是长城外呢?我一直以

---

* 席慕蓉(1943—),当代画家、作家。著有诗集《七里香》、《无怨的青春》等。本文选自其《我的家在高原上》,上海:上海文艺出版社1997年版。

为是长城外啊!”

我把音乐课本拿出来,想要向父亲证明他的错误。可是父亲并不要看,他只是很懊丧地对我说:

“好可惜!我一直以为是长城外,以为写的是我们老家,所以第一次听这首歌时就特别地感动,并且一直没有忘记,想不到竟然这么多年是听错了,好可惜!”

父亲一连说了两个好可惜,然后就走开了,留我一个人站在空空的屋子里,不知道如何是好。

前几年刚搬到石门乡间的时候,我还怀着凯儿,听医生的嘱咐,一个人常常在田野间散步。那个时候,山上还种满了相思树,苍苍翠翠的,走在里面,可以听到各式各样的小鸟的鸣声,田里面也总是绿意盎然,好多小鸟也会很大胆地从我身边飞掠而过。

我就是那个时候看到那一只孤单的小鸟的,在田边的电线杆上,在细细的电线上,它安静地站在那里,黑色的羽毛,像剪刀一样的双尾。

“燕子!”我心中像触电一样地呆住了。

可不是吗?这不就是燕子?这不就是我从来没有见过的燕子?这不就是书里说的,外婆歌里唱的那一只燕子吗?

在南国的温热的阳光里,我心中开始一遍又一遍地唱起外婆爱唱的那一首歌来了:

> 燕子啊!燕子啊!你是我温柔可爱的小小燕子啊……

在以后的好几年里,我都会常常看到这种相同的小鸟，有的时候，我是牵着慈儿，有的时候，我是抱着凯儿，每一次，我都会很兴奋地指给孩子看：

“快看！宝贝，快看！那就是燕子，那就是妈妈最喜欢的小小燕子啊！”

怀中的凯儿正咿呀学语，香香软软的唇间也随着我说出一些不成腔调的儿语。天好蓝，风好柔，我抱着我的孩子，站在南国的阡陌上，注视着那一只黑色的安静的飞鸟，心中充满了一种朦胧的欢喜和一种朦胧的悲伤。

一直到了去年的夏天，因为内政部的邀请，我和几位画家朋友一起，到南部的一个公园去写生，在一本报导垦丁附近天然资源的书里，我看到了我的燕子。图片上的它有着一样的黑色羽毛，一样的剪状的双尾，然而，在图片下的解释和说明里，却写着它的名字是“乌秋”。

在那个时候，我的周围有着好多的朋友，我却在忽然之间觉得非常的孤单。在我的朋友里，有好多位在这方面很有研究心得的专家，我只要提出我的问题，一定可以马上得到解答，可是，我在那个时候唯一的反应，却只是把那本书静静地合上，然后静静地走了出去。

在那一刹那，我忽然体会出来多年以前的那一个下午，父亲失望的心情了。其实，不必向别人提出问题，我自己心里也已经明白了自己的错误。但是，我想，虽然有的时候，在人生的道路上，我们是应该面对所有的真相，可是，有的时候，我们实在也可以保有一些小小的美丽的错误，与人无害，与世无争，却能带给我们非常深沉的安慰的那一种错误。

我实在是舍不得我心中那一只小小的燕子啊！

飞蛾之死

弗吉尼亚·伍尔夫*

白日里来去飞舞的蛾子称为飞蛾是不太确切的，即使是睡在窗帘阴影里的最不起眼的黄色夜蛾，也总是能够唤起人们对于暗沉沉的秋夜和长春藤的花那样愉悦的感受，而白日的飞蛾却做不到这一点。它们是杂交的生物，既不像蝴蝶那样色彩斑斓，又不像它们的同类那样颜色晦暗。然而，眼下的这只蛾子却似乎乐天知命。它长着窄窄的、草黄色的翅膀，上面镶着同样颜色的流苏似的边。这是9月中旬一个令人心旷神怡的早晨，天气温和而晴朗，不过微风拂处，已比夏日里多出几许凉意。窗户对面，铁犁已开始耕作，犁铧所过

---

* 弗吉尼亚·伍尔夫（1882—1941），英国小说家和评论家。代表作有《海浪》、《到灯塔去》、《达洛卫夫人》、《一间自己的房间》等。本文选自《伍尔芙随笔全集》（第三册），胡龙彪译，北京：中国社会科学出版社2001年版。

之处，泥土便被压得平平展展，幽幽地闪着润湿的光。勃勃的生机从田野和田野尽头的丘陵草地上源源不断地涌进室内，让人很难专心致志地看书。乌鸦们也在庆祝它们每年一度的节日之一。它们绕着树梢盘旋飞翔，直到最后像一张中间结着成千上万个黑结的巨大的网被撒向天空。片刻之后，巨网慢慢下沉，落在树上，直到每一个树枝的末梢看上去都像有个黑结。紧接着，网又突然被再次抛向天空，这一回弧面更广，声音更大，嘈嘈杂杂，聒噪不已，似乎被抛向天空之后再缓缓降落树梢是一次极为刺激的经历。

同一种能量激励着乌鸦、耕牛、马匹、甚至贫瘠的、敞露着胸膛的丘陵草地。它也使飞蛾颤颤地从窗户玻璃的一侧飞到另一侧。你止不住要去看它，甚至莫名其妙地为它感到惋惜。那天的早晨似乎蕴含着无穷无尽的快乐，可它拥有的却只是一只飞蛾的生命，而且是那样一只白日的飞蛾，这未免太命苦了，而它却兴味盎然，充分地享受这样贫瘠的机遇，令人禁不住为之扼腕。它充满活力地飞到蜗居的一角，稍驻片刻之后，又飞到另外一个角落。除了再飞向第三个、第四个角落之外，它还能做些什么呢？纵有草地之大，天空之广，远处的房屋升起依依的炊烟，海上的轮船也时时递过来几声浪漫的调子，它能做到的却只有这些了。但能做的它都做了。看着它，你会觉得世界无尽的能量中非常纤细而纯净的一缕被塞进了它纤弱而瘦小的身体里。它每次飞过窗户玻璃，我都仿佛看见一线生命之光亮了起来。它就是生命。

生命的活力从敞开的窗户滚滚涌进，在我和其他人大脑里无数纠结交错的仄径中奔突驰骋。这只飞蛾便是这活力极细微极简单的形式之一，惟其如此，它更令人嗟讶，引人唏嘘。仿佛是有人拿起一颗小小的纯洁的生命之珠，尽可能轻柔地给它缀上羽绒和羽毛，让它翩翩起舞，辗转腾挪，向我们揭示生命的真谛。飞蛾就是这样展示在你眼前，让你无法克服一种奇异的感觉。你看它弓腰凸背，被人操纵着、装饰着，不堪重负，所以每走一步都得慎之又慎，却又充满尊严，让你忘记生活中的一切。如果它生而成为其他的生命，那它的生活又会是什么样子？这样的想法使人在注目它的简单的动作时充满了怜悯之情。

过了一会儿，它显然是跳舞跳得累了，便在阳光下的窗沿上歇了下来。奇异的场面既已结束，我便把它忘了。后来，我抬起头，立刻被它吸引住了。它正努力继续刚才的舞蹈，但却显得如此僵硬、如此笨拙，只能摇晃着飞到窗户玻璃的底层。它又试着横飞过去，也失败了。我正专心忙于其他事务，所以对它徒劳的努力也只是注目片刻，没有多想，只是不经意地等着它重新飞翔，就像人们等着一台机器在稍稍暂停之后重新开始工作，根本没去想它停止工作的原因。也许试了有七次吧，它从木质的窗沿上滑落，仰面跌到窗台上，不住地抖动着翅膀。它的无助惊醒了我。我突然想到它遇上麻烦了。它再也不能将自己撑起来。它的腿徒劳地挣扎着。我探出一枝铅笔，想帮它翻过身来，但突然意识到它的失败和笨拙乃是因为死神即将来临。我将铅笔又放下了。

它的腿再次剧烈抖动起来。我四下寻视，似在寻找它与之搏斗的敌人。我往户外看去。那里发生了什么？很可能已是正午，田间的劳作已经停止。静谧与安宁取代了原先的喧闹。鸟儿们自去小溪觅食。马儿静静地伫立。但那股强大的力量依然积聚在户外，漠不关心，不通人情，不去关注任何具体的事物。但不知为什么它却和这只小小的草黄色的飞蛾过意不去。任何努力都是徒劳的。你只能看着飞蛾的细腿和即将到来的灭顶之灾艰苦异常地搏斗。只要它愿意，这股毁灭性力量可以吞没整个城市，不，不仅仅是一个城市，而是大批大批的人。我知道，和死神较量绝无获胜的希望。然而在精疲力竭，稍停片刻之后，细腿又抖动起来。这最后的抗议奇伟卓绝，它是如此地绝望和疯狂，结果飞蛾终于成功地翻过身来。人们的同情心当然完全站在生命一边。同时，在既没有人关心，也没有人知晓的情况下，这只无足轻重的小小的飞蛾为了维护它无人珍视、无人愿意保留的生命，和如此强大的力量展开殊死搏斗，这不禁令人莫名地感动。不知怎的，我又看见了生命，一颗纯粹的珠子。我再次举起铅笔，虽然知道它没什么用。但就在这当儿，死亡明白无误地显示了它的迹象。蛾子的身体放松下来，顷刻间变得僵直。斗争结束了。这微不足道的小小生灵终于知道了死亡是怎么回事。我看着死去的飞蛾，如此强大的力量征服如此卑微的对手，这样微小的不经意的胜利令我惊异不止。几分钟前，生命是那样的奇异，现在，死亡同样令人感到奇异。飞蛾翻身之后安静地躺在那里，容止端庄，毫无怨尤，似乎在说，噢，是的，死亡比我强大。

蜘　蛛

哥尔德斯密斯*

在我观察过的独居的昆虫中，蜘蛛最聪明。它的动作，就是对曾经专心研究过它们的我来说也似乎难以置信。这种昆虫的天生形体，是为了战斗，不仅和其他昆虫，而且和它们同类相斗。大自然似乎就是为了这种生活景况而设计了它们的形体。

它们的头和胸覆以天然的坚硬甲胄，这是其他昆虫无法刺破的，它们的身躯裹以柔韧的皮甲，可以抵挡黄蜂的螫刺。它们的腿部末端的强壮，与龙爪类似，并且脚爪之长简直像矛一般，足以对付远处的进攻者。

蜘蛛的几只眼睛，宽大透明，遮以某些有刺物质，

* 哥尔德斯密斯（1730—1774），英国散文家、小说家、诗人、剧作家。主要作品有评论《关于欧洲纯文学现状的探讨》，小品文集《世界公民》，剧作《委曲求全》，小说《威克菲尔德的牧师》等。本文选自《外国散文三百篇》（第一卷），林非主编，李晓红、王兆胜选编，黄绍鑫译，北京：中国社会科学出版社2003年版。

但这并不妨碍它的视线。这种良好的装备,不仅是为了观察,而是为了防御敌人的袭击;此外,在它的嘴巴上还装备一把钳子——这是用以杀死在它脚爪下或网里的捕获物。

凡此种种,都是装备在蜘蛛身上的战斗武器,而它编织的网更是它主要的武器,因此,它总是要竭尽全力,把丝网织得尽善尽美。天然的生理机能还赋予这种动物以一种胶质液体,使之能拉出粗细均匀的丝。

当蜘蛛开始织网时,为了固定其一端,它首先对着墙壁吐出一滴液汁,慢慢硬化的丝线就牢固地粘在墙上了。然后,蜘蛛往回爬,这根线越拉越长,当它爬到线的另一端应该固定的地方,就会用爪把线聚集拢来以使线绷紧,也像刚才一样固定在墙壁的另一端上。它就这样牵丝拉线,固定了几根相互平行的丝,这就准备好了意想中的网的经线。为了做成纬线,它又如法炮制出一根来,一端横粘在织成的第一根线(这是整个网圈最牢固的一根)上,另一端则固定在墙壁上。所有这些丝线都有粘性,只要一接触到什么东西就可以胶住;在这个网上容易被毁损的部分,我们的织网艺术家懂得织出双线来加固之,有时甚至织成六倍粗的丝线来加大蛛网强度。

约莫四年前,在我屋子里的一个角落上,我观察到一个大蜘蛛正在织它的网;虽然,那个仆人举起她致命的扫帚瞄准这个小动物要毁灭它的劳动成果,但很幸运,我立即制止了这一厄运的发生。

三天以后,这个网就完成了。我不禁想到这个昆虫在新居过活,一定欢乐无比。它在周围往返地横行着，仔细检查丝网每一部分的承受力，然后，才隐藏在它的洞里，不时地出来探视动静。不料想它碰到的第一个敌手，竟是另外一个更大的蜘蛛。这个敌手没有自己的网，也可能已经耗尽了积蓄下来的汁液，因而现在不得不跑来侵犯它的邻居。

于是，一场可怕的遭遇战立刻由此展开。而这场拼搏中，那个侵略者似乎占了体大的上风，这个辛勤的蜘蛛被迫退避下去。我观察到那个胜利者利用一切战术，引诱它的对手从坚固的堡垒中爬出来。它伪装休战而去，不一会儿又转身回来，当它发现计穷智竭以后，便毫不怜惜地毁坏了这个新网。这又引起了另一次战斗，并且，同我的估计相反，这个辛勤的蜘蛛终于反败为胜成了征服者，杀死了它的对手。

在被侵略者占领时，它以极度的忍耐等了三天，又几度修补了蛛网破损的地方，却没有吃什么我能观察到的食物。但是，终于有一天，一只蓝色苍蝇飞落到它的陷阱里来，挣扎着飞走。蜘蛛使苍蝇尽可能把自身胶粘起来，可是蜘蛛最终怎能缚住这只强有力的苍蝇呢？我必须承认，当我看见那只蜘蛛立即冲出，不到一分钟，就织成了包围它的俘虏的罗网，我真有点诧异。一会儿工夫，苍蝇的双翅就停止了扇动，当苍蝇完全困乏时，蜘蛛就上前将它擒住，拉入洞中。

根据这种情景，我发现，蜘蛛是在一种并不安全的状况中生活的，因而，大自然对这样的一种生活好像做了适当的安排；因为一只苍蝇就够维持它的生命达一周之久。有一次，我把一只黄蜂放进一个蛛网中，但当蜘蛛照常出门来捕食时，先是观察一下来的是个什么样的敌人，根据量力的原则，制伏不了的对手，它立刻主动上去解除紧紧束缚对手的丝线，以放走这样一个强大的敌人。当黄蜂得到自由后，我多么希望那个蜘蛛能抓紧修理一下网的被破坏的部分，可是，它似乎认定网已无法修补了，便毅然抛弃了那个网，又着手去织一个新网。

我很想看看一只蜘蛛单独靠自己的储备能够完成多少个丝网。因此，我破坏了它织就的一个又一个的网，那蜘蛛也织了一个又一个。当它的整个储存消耗殆尽，果然不能再织网了。它赖以维持生存的这种技艺(尽管它的生命已被耗尽！)确实令人惊异无比。我看见蜘蛛把它的腿像球一样旋动，静静地躺上几小时，一直小心翼翼地注视着外界的动静；当一只苍蝇碰巧爬得够近时，它就忽然冲出洞穴，攫住它的俘获物。

但是，它不久就厌倦了这种生活，并决心去侵占别的蜘蛛的领地，因为它已不能再织造自己的罗网了。于是，它奋起向邻近蛛网发动进攻，最初一般都会受到有力的反击，但是，一次败绩，并不能挫其锐气，它继续向其他蛛网进攻，有时长达三天之久，最后，消灭了守卫者，它便取主人而代之。

有时，小苍蝇落入它的陷阱时，这个蜘蛛并不急于出击，它只是耐心等待着，直到它有把握捕捉对方时，它才动手，因为，如果它立刻逼近苍蝇，将会引起这个苍蝇更大的惊惧，还可能导致这个俘虏奋力逃走；所以，它学会了耐心等待，直到这个俘虏由于无效的挣扎而精疲力竭，就变成一个玩弄于股掌间的战利品！

我现在描述的这只蜘蛛已经活了三年；每年，它都要更换皮甲,生长新腿。有时,我拔去了它的一只腿,两三天内,它又重新长出腿来。起先,它还惊惧于我挨近它的网,但是,后来,它变得和我如此亲密,甚至从我的手掌中抓去一只苍蝇,当我触着它的丝网的任何部位时,它就会马上出洞,准备防卫和向我进攻。

为了描绘得完善一点,我还要告诉诸位,雄蜘蛛比雌蜘蛛细小得多。当雌蜘蛛产卵时,它们就得把网在蛋下铺开一部分,仔细地把蛋卷起。宛如我们在布上卷起什么东西一样,于是,它们就可以在它们洞里孵育小蜘蛛了。遇到侵扰,它们在没有把一窝小蜘蛛安全转移到别的地方去以前,是绝不考虑自己逃遁的,正由于这样,它们往往会因父母之爱而死于非命。

这些小蜘蛛一旦离开父母为它们营造的隐蔽所后,就开始学习自己织网,几乎可以看到它们日长夜大。如果碰上好运气,长一天,就可捉到一只苍蝇来饱餐一顿。但是,它们也有一连三四天得不到半点食物的时候,碰上这样的情况,它们也能够继续长得很快。

然而,当它们老了以后,体积就不会继续增加,只是腿长得更长一点。当一只蜘蛛随着年龄的增长而变得僵硬时,它就不可能捕捉到俘获物,最后就将死于饥饿。

野　蜂

惠特曼*

五月是鸟儿结群、歌唱和交配的月份，是蜜蜂的月份，是紫丁香开花的月份（也是我出生的月份）。当我写下这一段文字的时候，我刚在日出之后进入了野外，往小河方向走去。阳光、馨香、旋律——蓝色的知更雀、草丛里的鸟群和鸫鸟在我四面八方啼鸣不已，好一片喧哗的天籁，那是从喉咙里唱出来的。近处啄木鸟的啄木声和远处雄鸡的啼鸣，是这片天籁的背景。新鲜的泥土的气息，色彩——远处柔和的浅褐与淡蓝，两天来温暖湿润的天气，给小草染上新的翠绿。太阳在辽阔晴朗的天空升起，又开始了一天的旅程，多么宏伟壮丽的景象！和煦的阳光流溢着，它淋浴着万物，亲吻

---

* 惠特曼（1819—1892），美国诗人。代表作为诗歌总集《草叶集》。本文选自《外国散文三百篇》（第二卷），林非主编，李晓红、王兆胜选编，孙法理译，北京：中国社会科学出版社2003年版。

着我的面颊。阳光似乎有一点热了。

不久我便听到池塘里的蛙鸣,看到野茱萸的第一朵白花,随着是繁茂的数不尽的金色的蒲公英,一大片一大片铺满了四处的地面,还有白色的樱花和梨花。我蹒跚地走过林边,野生的紫罗兰抬起它蓝色的眼睛向我的脚点头致敬。苹果树新绽的花朵泛着玫瑰色的红晕。小麦地闪着碧玉般晶莹的绿光。暗绿色的裸麦。空气里弥漫着温暖的弹性。矮杉木缀满了褐色小巧的果实。夏天已经完全苏醒。一大群乌鸦哇哇地吵闹,落满枝头。我坐在它们附近,只听得一片震耳的喧哗。

大自然像部队一样排成阵势,在我面前走过。大千世界给了我数不尽的东西,现在还在给我。但是这两天给我最多的还是那些大个儿的蜜蜂,人们叫作"野蜂"的(孩子们叫它们"贱虫子")。我从农舍往小河走过去(或者说是颠簸过去),我从那一条甬道经过,那甬道两侧是古老的栅栏,栅栏上有很多裂口、缝隙、窟窿,那是嗡嗡飞鸣的毛茸茸的昆虫的最好的住处。成千上万的蜂正在栅栏上下四方飞舞碰撞。当我在路上慢慢走过时,蜂群结成了阵势,陪伴着我。在我清晨、正午和日落时的散步活动中,它们都扮演着最重要的角色,有时竟以我从来没有想到过的方式独占了我身边的风光。它们不是几十几百而是成千上万地飞满了甬道。大个儿的蜂,活跃、疾速,带着巨大的永远时起时伏的嗡嗡声(那声音有时竟能汇合成阵阵呼啸)和一种奇妙的冲击力量撞来撞去,迅速地闪动着,彼此追逐着。这小小的东西给了我一种鲜明的新的感受——力、美、生命和运动。它们是否正在交配期呢?否则,这么大的蜂群,这样的紧张和猛烈,又是什么意思?我总以为跟着我的是某一个固定的蜂群,但是仔细观察之后,才发现蜂群在不断迅速地更换着。

我坐在一株巨大的野樱下书写——偶然的云翳和阵阵的清风,调剂着这温暖的天气,使它凉爽可人。我在这儿坐了许久,蜂群的嗡嗡的音乐包围着我。数以百计的蜂在我的身边飞掠着、悬浮着、穿梭着——是些身穿浅黄色外衣的大个儿,胖乎乎的身子闪着光,粗短的脑袋,轻绡一样的翅膀——永远发出它们那宏大浑厚的嗡嗡的吟声(这是否能给我们一点启发?能否以这种嗡嗡声作为背景写出一首叫作蜜蜂交响乐之类的作品来?)。旷野、裸麦地、苹果园,这一切都以我十分渴望的方式滋养着我,令我陶醉。两天来的一切:阳光、微风、气温都那么好,真是尽善尽美。这两天我感到十分舒畅,我觉得身体好得多了,精神也宁静安详(然而一个纪念日快要到了,它曾给我的生命带来最沉重的损失和深切的哀悼)[①]。

又一次匆匆写下几句话。又一个完美的日子。上午七至九点两个小时被包围在蜂阵和鸟群的音乐之中。在苹果树和附近的一棵杉树下面,有三四只背部褐色的画眉,每一只都在快板急腔地欢欣地歌唱。那声音之美妙,真是我从来没有听见过的。我听了两个小时,忘掉了一切,只蒙眬地感到沉醉。我注意到几乎

---

① 惠特曼的母亲于1883年5月23日逝世,这里指的就是这个日子。

每一种鸟在一年中都有自己特殊的时期。有时不过几天——在那个时期里,它们歌唱得特别动听。现在正是这褐背画眉鸟歌唱得最欢畅的时期,也正是蜜蜂声音最动听的时期。它们在这甬道内外飞舞着嗡鸣着。我回家时,又是一大群蜜蜂跟往常一样前呼后拥陪伴着我。

两三个礼拜过去了。在我写下这一段文字时,我正坐在小溪旁的一棵百合树下。这树有75英尺高,正在成熟时期,朝气蓬勃,一片鲜亮的翠绿——多么迷人的形体。每一根枝条,每一片树叶,都是那么尽善尽美。数以千计的野蜜蜂在这树的上上下下飞翔,在花中寻觅甜蜜的花汁。蜂群宏大连绵的吟声形成了整个世界的基调。也形成了我此时此刻的心情的基调。最后我愿从亨利·A.比尔斯的小诗集中引用一首短诗来结束本文。

我躺在远处的长草丛里,
醉醺醺的蜂儿从我身边飞去。
蜜酿的美酒早已叫它癫狂,
它喝饱了忍冬花美味的糖浆;
喝成了好一个滚圆的大肚,
金色的腰带再也捆束不住。
玫瑰的蜜汁加甜豌豆的酒,
它灵魂里充满了圣乐悠悠。
温暖的夜里它喝了个通宵,
夜露沾湿了它细腿上的绒毛。
它演出了多少幕可笑的喜剧,
世界在睡眠和阴影里交替。

花朵的杯中有香甜的仙蜜，
它扑过去用焦渴的嘴唇吮吸。
光溜溜的花瓣却叫它滑倒，
乱纷纷的花蕊总叫它跌跤。
一跟头它跌进花粉的中心，
爬出来滚了身灿烂的黄金。
有一回那几条沉重的毛腿，
站不住了，只因为磕着个花蕾。
它跌进野草丛里躺着嘟哝，
柔和的男低音，可怜的野蜂！

虫　声

永井荷风*

我生在东京，而且在这里度过了几十年漫长的岁月……

过去，在日常生活中，各种东西的颜色和声音，都未曾使我感到珍惜和怀念。随着时光的流逝，逐一地消失了，再也看不见听不到了。然而现在，却使我一一清晰地回想起来。我的心头第一次感触到绵绵无尽的奔涌着的思绪。犹如分别的恋人，回味着往昔的情爱。

岑寂的夏夜，木屐踏过板桥的声音。门外的雨滴哗哗地淋在油纸伞上。掠过夕月的雁叫。短夜梦醒，蓦然传来的杜鹃的鸣声。雨里黄昏，呼唤着渡船的过河人。夜间，投网入水的声响。货船的舵音。……岁

---

* 永井荷风(1879—1959)，日本作家。主要作品有《美利坚的故事》、《隅田川》等。本文选自《外国散文精品》，于逢春、胡跃华编，陈德文译，沈阳：春风文艺出版社 1994 年版。

月过去了几十年，所有这些音响以及当时的情景，都从我们的记忆中消失得无影无踪了。

每逢季节变更的时候，总有一些叫卖节令必需品的小贩，他们的吆喝，给东京都市的生活带来了固有的情趣。只有这个，如今还留在老人们的谈话之中。

今天，时代过去了，思想变了，风俗变了。出生在这座城市，老朽在这座城市的人们，今后直到死去之前，他们要想寻求往昔永恒不变的情趣，又能得到些什么呢？

林木茂密的郊外庭园里，黄莺很少飞来鸣唱。屋檐下鸟雀欢噪的日子也一天天少起来。我为什么突然要说这些呢？两三年前，已听不到梵钟的声响，一想到这件事，我一年比一年更加焦灼地等待院子中蝉和蟋蟀的鸣叫。——这里，我想说说焦灼等待的缘由：如今早已是昭和十八年了，我所能听到的令人怀恋往昔东京生活的声音，只剩下蝉、蟋蟀的叫声了。不久的将来，也许蝉和蟋蟀也同大雁和杜鹃一样，成为前一世界的象征吧。

有一年，我在浅草公园一家剧场里排练节目直到天明才回家。走过寺内的街道，两旁的小店依然静静地酣睡着，而四周的蟋蟀却叫个不停，那声音盖过了石板路上的足音。我一阵欣喜，仿佛半路上捡到一块宝石一般。算起来，这是七八年前的事了。

每年，秋天降临东京当在八月七八日光景。今年一入秋，我照例日日盼望夜里能听到蟋蟀的初音。然而，根据我这般年龄的人的体验，蟋蟀的叫声传到人的耳朵，要等夕阳下的树梢传来蝉鸣之后，弄不好，要等上十天半个月哩。蝉声起初是极细微的，不是一个劲儿叫个不停。往往是那边树上一阵短唱之后，便是沉默，接着，这边树上的蝉儿仿佛窥测一下动静，然后答礼一般，悠然地鸣叫起来。

这时节，虽说已入了秋季，夕阳的暴烈并不亚于已经过去的夏季，白昼也没有明显地变短。凌霄花越发开得红艳了。夹竹桃的蓓蕾一朵朵地绽放开来，散落了。百日红依然旺盛。夕风骤然停止的晚上，比起盛夏要酷热得多。夜阑人静，抬头仰望一下银河清晰的影子，往往也会感到暑气蒸逼，难以成眠。

时光一天天过去。有时，骤雨袭来，白天晴上一阵子，夜里又继续下起来。这时傲然挺立的向日葵叶子，忽然发黄，花盘沉重地低垂着，再也挺不起腰来。丝瓜和南瓜自由舒展的蔓子尖上开放的小花，一个个萎缩了，花的数目也明显地减少了。与此同时，一场雨过后，晴明的天空也和昨日不同，变得湛蓝，高远。有时，一团云彩遮蔽着大半个天空，即使是无风的日子，也可以看到浓云的飘动。玉米浓密的叶子，以及包裹着果实的缨子，不住地颤动。眼看着大蜻蜓飞来飞去，就要落在玉米的上头，忽儿又飞走了。盛夏季节一时不见踪影的蝴蝶，又款款地飞翔起来。螳螂长得像拇指般大小，听到人的足音，不但不逃，反而举刀相向。

我有个习惯，夏天每晚都要出外纳凉。眼下这时节，吃罢晚饭，照例外出。有时到熟人家里，会一会久未见面的朋友，不觉间夜已深了。回家的路上，夜风不知何时变得清凉起来，戴着帽子的额际也不见汗，自感脚步的轻松。想到今年，秋季已渐深，多么想听一听那似有若无的风的低吟。

回到家里，点起桌上的灯，我感到那火影也和昨夜不同，骤然清亮了。感官也和夏夜迥异，我惊诧它的清静，不由得注视着灯光和周围的物体的黑影。也许就在这想不到的瞬间，我听到这年秋天蟋蟀最初的鸣声。

但是，蟋蟀的初次鸣叫，和蝉儿一样，很快停止了，直到第二天的夜间也没能再次听到。为了等待虫声，有三四个夜晚就这般白白地度过。夕暮变得惊人的短暂。蝉声日益喧骚和急迫，一阵接一阵，直叫到周围一片漆黑为止。

月儿出来了。夕阳的余晖尚未从西边的天空消退，月亮就及早地放出和深夜里一样的光芒。不知打哪里漂来木樨的香味，像柔软清凉的绢纱，抚弄着人的肌肤。这宁静的难以名状的灵与肉的感触，都明显地带着秋天的色调而来，叫你目不可见，耳不可闻。小试初音而沉默的蟋蟀，在这样的晚上又鸣叫起来，仿佛觉得已到了自己的季节，那声音也一夜比一夜更强烈，更高昂。

到了九月初，雨水渐多，每下一场雨，虫声也就增多起来，像瓦格纳的交响乐一般，丝竹管弦，一齐鸣响。

不久，到了秋分时节，十五赏月，有时正赶上秋分前后。昼夜相平的时节，蟋蟀的合奏愈演愈烈，达到了高潮。

山手地区，从那人群熙来攘往的道旁；下町地区，从那路边的垃圾箱里，天还未黑，就彻夜放送出微妙的秋曲。不光是路旁的垃圾箱，不多久，格子门内、浴室和厨房的每个角落，也传来了蟋蟀的鸣声。在朝夕的寒气里，蟋蟀仍像惯于夜游的浪子一般，但在风霜冷雨的侵凌下，家里就更值得留恋了。

这是个各种往事从心底泛起的时节。接近冬日的秋天，空中阴云密布，既无雨，也无风，沉静的白昼像无尽的黄昏，再没有比这时节更适于追忆和冥想的了。我想起平日忘却的波德莱尔和凡尔纳的诗篇，那诗情强烈地震撼着我。白天，从枯草的叶荫下传来的虫鸣，多像一首《秋的咏叹调》。

就枕之后的不眠之夜，倾听蟋蟀的鸣声，胜过恋人的私语，令人怀想不已。对于不眠之人，无论它怎么啼鸣，都无法消除充溢着全身的生命的凄苦和悲伤。蟋蟀为了啼鸣而生存，它为自己悲苦的生涯无端地叹息。它以无人知晓的语言诉说着生命的苦恼和悲哀。

九月十三的月亮渐渐缺亏，暗夜在继续。人们已经穿起了夹衣。雨夜，有人在火盆里生着火，已经是冬天了。

生存到今天的蟋蟀，唱出了一年里最后的歌。这时，西风吹落了树叶，石款冬比菊花开得早，茶花流溢着芳香……

第七辑
我的山谷曾如此绿

我的山谷曾如此绿(节选)

莱维林*

那是在很早以前,我们的山谷是人们能想象的最可爱的地方。绿油油,空气清新;田野的风每时每刻飘来,山上闪烁着晶莹透亮的露珠。河不宽,约二十英尺,但清澈无比,可窥见潺潺流水下的每一块卵石,无数鱼儿游来游去,多得使人想不到垂钓。在延金斯夫人的小屋后,父亲教我在光滑的石块间用手去捕捉鳟鱼。

我们常常一小时又一小时地坐在那里,往河里投掷小石头,为了把小鱼吓跑。然后等着,直到一条大鳟鱼游过来,便想方设法如何抓住它。有时先要把衣袖

---

* 莱维林(1906—1983),英国小说家。代表作有《我的山谷曾如此绿》、《只有孤独的心》、《星光灿烂的夜晚》等。本文选自 Richard Llewellyn, *How Green Was Valley*, New York, The Macmillan Company, 1943。卫玲译。译文参考了周美琪所译《我的山谷曾如此绿》,载狄特富尔特编:《人与自然》,北京:生活·读书·新知三联书店 1993 年版。

卷到肘部以上，接着把手浸入水中，手掌摊开、保持不动。河水冰冷，简直要大声喊叫起来；可为了抓到鱼，就得忍受点。

一条大鱼悄然无声地游过来了，你几乎可以感觉到它在想什么。看见水里的手，它一定会想，事情不对头了，但它不会确切地知道这是怎么回事。当然，你要一直不动声色，连睫毛都不得闪动，否则，敏感的鳟鱼就会立即发觉而游开去，并且嘲笑你。是的，鳟鱼就这么干，我亲眼见过。

鱼如果有点笨，就会游过来，仔细地去看看你的手指，嗅一嗅，还在你的手指上擦擦痒。这时就该行动了。你要小心地弯起手指，去抚摸鱼的肚子，并搔搔它的痒。有时它会一溜烟地跑了，你根本抓不住它，但它往往会停在那儿。于是，你该用手指在鱼身上摸索摸索，最后把小指伸进它的鳃帮，那样你就抓住它了。

猛一使劲，把胳臂抽出水面，鱼便在岸边的石头上活蹦乱跳。

晚餐时便可享受新鲜可口的鳟鱼了。

母亲惯常将鳟鱼放在火中的热石块上烤，把它和面包渣、黄油、香菜和柠檬皮一起包在新鲜碧绿的葱叶里。天上如有更好的美味，我也想飞速前往，假如我这么说不会被认为邪恶的话。

但是我还是在地上。

涓涓流水的小河，冲刷洁净的卵石，周围的一切郁郁葱葱，树梢倒映在水中，林带后面的青山层见叠出——这一切多美啊！

小鸟繁殖的季节，我们常到树林里去，看看巢里的蛋。父亲从不允许我去取出一个来，他也会阻止别的男孩子们去掏蛋。正因如此，我们的山谷鸟鸣声不绝于耳。稀奇的是，当人们日后在此再也听不到小鸟歌唱时，才常常想到它们。

一天午后，我们摸到两条鳟鱼；我用树叶包住它，装在帽子里带进山。那些天来，风总是吹来阵阵清香味，散发着漫山里生长的野花野草的芬芳。那天下午，香味特别浓郁。父亲常停住脚步作深呼吸。他一再告诉我说，一个人的肺里如充满新鲜宜人的空气，一切都不必发愁。他还说，上帝送给我们水让我们洗身体，给我们空气以净化我们的灵魂。人们常会看见我们父子俩驻足原地，深深吸气后再继续上山。有时父亲还指给我看一株去年春天冒出来的灌木，或者去看看是否有人到过戴维斯贮木场田边的报春花圃，那里的报春花曾经是那么的艳丽……

我记得足下深处的绿色山谷是那么凉飕飕的，棕色的农田被蜿蜒的树篱切割成一个个方块，好似一条拼缀的彩色毯子。房屋小得像白色的火柴盒，羊群则像小猫，若不是它们在移动，多半会被人误认为是小石块。

这个山谷不同于我们的山谷，没有一个煤矿从明亮的翠绿中伸出枯瘦的黑手指。这里下面是一片宁静和无声的幸福；甚至来自我们山谷的风也欢欢乐乐、匆匆忙忙地往这儿赶来，庆幸来到另一个山谷；风在我们身旁呼啸而过，寒冷而又凛冽，仿佛急于到下面温暖的田地上去休息，并去嬉弄那正从容不迫地吃草的马群的鬃毛。

“伤心啊，咳，我的孩子”，父亲沉默良久以后说，“真令人伤心啊。这里一切都美好，一切都保持原样，秩序井然。我们那边却充满了丑恶、仇恨和愚蠢。”

“这是什么原因啊，父亲？”

“邪恶的思想和贪心，咳。什么都想要，什么都拿，却不付出。上帝不是抱这个目的创造世界的。倘使你以正当的方式去获取，土地会给你一切，不然你就一无所获。在那里的草坪上聚集的可怜人们在寻求他们得不到的东西。他们永远不可能得到，因为他们的寻求方式错了。所有一切都来自上帝，我的儿。一切都是上帝给的，你得跟上帝祈求你可能得到的东西。上帝给我们时间去劳动，给我们耐心作为支撑去完成我们的工作，不管别人对你说什么，孩子，当你遇到麻烦时，只有仰望上帝。我担心，就在此刻，那里已开始发生的事，将来会给你带来很多烦恼。”……

也许因为我看别的山谷看久了，目光返回自己的山谷时，突然感到一阵的心痛。

河岸上铺满了来自煤矿矿井的沉渣，工厂的楼房都是黑色的，低矮、丑陋。两排矮房像悲伤的石蛇爬在山坡上。人们很难想象屋里有温暖的炉火和好吃的食物，因为它们看起来是那么的沉闷和晦气。

是的，我们的山谷渐渐变黑了，渣滓堆得愈来愈多，几乎快要堆到我们家门口了。我虽年幼无知，却也知道这事是不对的，我把我的想法告诉了父亲。

“你说得对，咳，”他说着停步向那里瞥一眼，“好多年前我就对他们说，应当在地下开采，但是没有人愿意听。现在我们应当考虑更重要的事，当你长大成人后，有些事必须得做。要做的事很多，真的。”……

我坐在寂静的屋里，回顾我走过的一生，努力在心中重建业已倒塌的一切。在我看来，人的一生似乎就是随意乱涂在时间上的一幅画，不假思索，马马虎虎，没有计划。我想知道，人究竟为什么要这般地受苦，需求是如此之少，下决定并稍加努力，就可以使人摆脱困苦而达到平静和满足的境地。可人并没有这样做啊。

矿渣又在动。

我听见它们的窃窃私语。勇敢的小屋也正在凝聚自己的力量做好了抵抗的准备。几个月以来，超出我的想象，小屋承受住了这一大堆黑东西的一次又一次的打压，强大的敌人被击败了。在我父亲的年代里，人们懂得如何盖房，他们的手艺精湛。坚固的阳台、结实的石块、认真的劳动和对这份工作的爱——所有这一切都构成了房屋坚实牢固的基础。

但是矿渣堆不断朝下爬，从四面八方压向那曾经属于我父母，如今属于我的屋子。不久，也许在下一个小时，屋子就会被掩埋，矿渣堆将从山上直滚而下，伸向山谷的河岸。可怜的河，你曾经多么美丽，你的歌声多么欢乐，你的碧波多么清澈，你曾经如此陶醉于沉静的卵石间而多么的快乐啊！

我将永远忘不了，在我卧床多时以后又再次见到你的那一天。……

我看清楚的第一样东西是矿渣堆。

它变得又大又长又黑，纹丝不动地躺在谷底和河的两岸。绿草、芦苇和花朵都不见了，它们被压在黑渣底下，身上的黑渣越积越多。钢丝缆绳上的升降篮吱吱嘎嘎地不断从矿井下将矿渣送上来，在倾斜的柱子上停下，卸下它满载着的灰黑煤渣，倒向崎岖、漆黑又污秽的丘陵。……

那个夜晚，我闲坐着，寒冷的空气凝固了我的痛苦。我面前重现约纳斯先生的脸，恍惚中再次与默尔文、菲利普斗争，又看见了伊安图的脸，我设法使自己沸腾的大脑平静下来，我做了一场梦，一场无头无尾的梦。我从未如此清晰真实地目击我们的山谷，那里已光秃秃、寸草不长。我看见下面的人像蚂蚁一样在工作，为了挣钱回家。我看见付钱的人愈来愈少，人们把钱留给了自己。我目睹地球的财富如何在镐子之下被粉碎并被铲走，正在消失，如同一切东西都在逝去一样。不再付钱，因为没有钱了，老爷和工人都没有了，镐子和铲子也锈了。矿井里只有流水和老鼠。人们离开了山谷。屋子空空如也，教堂里黑乎乎的。出自同情，小草要覆盖一切。

而我害怕。

大地之未知者(节选)

勒·克莱齐奥*

我想谈谈实在的美,谈谈人的眼睛,例如山,例如光。

阳光下,它很大,它的石壁,它的褶皱,它的沟壑,它的覆盖着易碎的泥土的缓坡,它的雪崩似的滚滚尘埃。它在光的中心,它像盐像玻璃一样闪亮,它岿然不动,独立于高空之中。它身上一切都是那么坚硬,那么真实。它是大地表面致密的一块,是一个隆凸,没有一种活的东西能像它一样。人们可以给它一个名字,如埃布吕斯,或者库赫-伊-巴巴①。人们可以谈论它,讲述它的故事,探索它的起源,说说住在它上面的人。人

---

* 勒·克莱齐奥(1943—),法国小说家。以《笔录》闻名,还著有《发烧》、《洪水》等。本文选自《法国经典散文》,郑克鲁主编,景文译,上海:上海文艺出版社 2004 年版。

① 库赫-伊-巴巴:中亚的一条山脉,以险峻不毛著称。

们可以计算它的体积,研究它的构成,它的演变。然而这一切又能如何呢?它还是它,不动,不听,不应。人们可以在它身上取一小块石头,带往很远的地方,几千公里吧,或者扔进大海。人们可以在鼓荡的风中几天几夜地烧它,把它变成火山。人们可以在它的缝隙里放入炸药,按下起爆装置。然而按起爆装置的手始终是离得远远的,爆炸之后,山依然如故。

山是持久的,强大的,它的基石扎根在大地深处,随着人的远离,它始终赫然立于地平线上,继而变得越来越大,越来越模糊。消失的是枯草、树、一座座房屋、道路、水泥场,剩下的只是轻淡的线,宛若空中膨胀的云,灰色和淡紫色的隆凸,胀满了空间。它还在那儿,继续在那儿,每天,每个早晨,都在同一个地方。它举起它那巨石嶙峋的大块向着天空,就这样,不费一点儿力气,没有一点儿道理,因为它就是它,绝对的是它,自由而强大,空气和水的领域中的一个固体。风从它身上吹过,侵蚀它的峭壁,沿着山谷,自北而南。

没有什么比这孤独的山更持久,更真实。任何庙宇,任何建筑,任何人的居所。它们很想跟它一样,充当登天的板凳,向着隐藏的神祇们举起盛满祭品的托盘。然而山就是一位女神,人们的注视不断地被引向它。

注视就是光,有生命的光,跳跃着奔向白色的山岩,热力深入岩石,令其微微地颤动。在不动的山的坡上,小树和松柏是灼热的,让空气中充满它们的气味,而寒冷的风从它们周围滑过。每天它们都在那儿,用它们的根抓住风化的泥土。云在谷底积聚,然后很快随风而降，然后散开，化水为雨，灌木林和大树的叶子分开了，人们听见山里发出一阵阵古怪的喘息声。

光不断地从虚空的深处向山移动。重要的不是声音，不是汽车在城市的小路上奔驰，不是古老的无花果树枝条上一群群的蚜虫。重要的是人面对孤独的大山时，他所看见的，他所等待的。

人们看啊，看啊，总是看不够。人们一无所知，一无所愿，不等待启示，也不等待变化。人在目光的一端，女神——山在另一端，它们不再孤独了，它们变成两个完全一样的领域，可以让美通过。

遥远的美，人不能触摸，如夜空中的星辰，天上云层的堡垒的轨迹，或晨曦。然而它就该是这样，不可触及，比人看见的空间还要大，于是注视和它一样，不再是脚、翼和轮子所能及的了：那边，直到那边，它到达路的尽头，越过了有限世界的门槛，进入不可逾越的区域。

它是多么的稳定啊！在它周围，一切都踉踉跄跄，举步迟疑、消融、变化。人的腿是软的，胳膊没了力气，颈项弯曲如橡胶。然而它，它是石头做成，巨大、沉重，屹立在大陆的基石上，在宽阔的背上驮着大气层。

有时，它是无情的，粗暴的，它那尖利的棱角，伤人的绝壁，陡峭的悬崖有鸟儿碰死。太阳在它上面闪光，遍及它的全身，照亮斑斑白垩、石膏、胶结物的悬崖。这时，它是那样的大，占满了整个空间，低处的土地朦朦胧胧，蓝黑色的天空，缓缓地围着它旋转，仿佛大海围着岛屿一样画出了许多同心的圆。它像一个国家那样大，广阔得要几年工夫才能到它的顶，小群小群黑色昆虫沿着一道道石槽爬行。它像一个行星那样大,从大地的深处直达天的最高处,整整的一块,石头像冰冷的火焰迸射,而且从不坠落。

它是那样地大,不可能有空虚、恐惧和死亡。它像一座冰山一样巨大、寒冷,在凝视着它的光中炫人眼目。一切都冲向它,像铁屑受到磁石的吸引。沿着路一样笔直的目光,人向着它坠落,而它,是直立的巨大,是物质的巨大。

在一座孤独的山中有很大的力量。有许多的时间,许多的空间,许多的实在的规律。在它的石头中有许多的思想。在它的坡上,灌木和松柏就像白色灰尘中的许多黑色的符号。它们像是汗毛、头发、眼眉。几只鸟叫着,在悬崖上空慢慢地盘旋。风在石罅中穿过,古怪地哼着歌儿,隐蔽的溪流发出很温柔的声响。一切都来自于它,空气、水、土、火。甚至云也生自于它,在很高的地方,在绝壁之间。它们冉冉如火山的烟气。

有时山也是遥远的,灰蒙蒙的,被水包围着,人们只能看见它的臀部、腰肢、乳房和肩膀的柔和曲线,只能看见它的斜落进谷底的长发的波状线条。当晚霞中一切都消失的时候,或者当城市和道路像人被困在房子里一样被烟气笼罩的时候,山也远去了。它在拒绝中睡着,裹着沉寂和冷漠。女性的巨人,白色的女神,它突然厌倦了,闭上眼睛,不愿再让人看它。美是聋的、哑的,孤独地躲进它的蚊帐。谁敢靠近它?他将迷路,因为那已不再是坚硬的石头、牙齿状的绝壁、直立的悬崖了。那已不再是骄傲的生命的努力、德行、美的力量了。那是一种很单薄、很柔弱的命运,仿佛幻影,在沉睡的大地之上的半空中飘荡,也许是一句话,一段音乐,人们可以用脸上的皮肤感知到,而你则瑟瑟地抖起来。这时,没有人能发现它。

飞机在云的后面飞过,没有人看见。海天一色。太阳已远。于是目光模糊了,没有什么再发亮了。慢慢地,慢慢地,夜来了。这几天它来得更早了,带着蝙蝠走出所有的洞穴。

这一切过去了,到来了,散走了,周而复始。山是这样的美,然而没有注视它就不存在。而注视若没有山就一直向前,如子弹般穿过空气,在空中打着转儿,变小,什么也没有发现就消失了。名称,地点,词语,思想,有什么关系?我只想谈谈永恒的美,谈谈人的注视,谈谈在阳光中很高很高的一座山。

鸟 与 人

陶菲格·哈基姆*

小鸟问它父亲:"世上最高级的生灵是什么? 是我们鸟类吗?"

老鸟答道:"不,是人类。"

小鸟又问:"人类是什么样的生灵?"

"人类……就是那些常向我们巢中投掷石块的生灵。"

小鸟恍然大悟:"啊,我知道啦! ……可是,人类优于我们吗? 他们比我们生活得幸福吗?"

"他们或许优于我们,却远不如我们生活得幸福!"

"为什么他们不如我们幸福?"小鸟不解地问父

---

* 陶菲格·哈基姆(1899—1987),埃及著名剧作家、小说家。代表作有《灵魂归来》等。本文选自《百年人文随笔》(外国卷),梁秀荣、劳石编,杨言洪译,长春:吉林人民出版社 2003 年版。

亲。

老鸟答道:“因为在人类心中生长着一根刺,这根刺无时不在刺痛和折磨着他们,他们自己为这根刺起了个名字,管它叫作贪婪。”

小鸟又问:“贪婪?贪婪是什么意思?爸爸,您知道吗?”

“不错,因为我了解人类,也见识过他们内心那根贪婪之刺,你也想亲眼见识见识吗?”

“是的,爸爸,我想亲眼见识见识。”

“这很容易,若看见有人走过来,赶快告诉我,我让你见识一下人类内心那根贪婪之刺。”

少顷,小鸟便叫了起来:

“爸爸,有个人走过来啦!”

老鸟对小鸟说:

“听我说,孩子。待会儿我要自投罗网,主动落到他手中,你可以看到一场好戏。”

小鸟不由得十分担心。说:

“如果您受到什么伤害……”

老鸟安慰它说:

“莫担心,孩子,我了解人类的贪婪,我晓得怎样从他们手中逃脱。”

说罢,老鸟飞离小鸟,落在来人身边,那人伸手便抓住了它,乐不可支地叫道:

“我要把你宰掉,吃你的肉!”

老鸟说道:“我的肉这么少,够填饱你的肚子吗?”

那人说:“肉虽然少,却鲜美可口!”

老鸟说:“我可以送你远比我的肉更有用的东西,

那是三句至理名言,假如你学到手,便会发大财!"

那人急不可耐:"快告诉我,这三句名言是什么?"

老鸟眼中闪过一丝狡黠的目光,款款说道:

"我可以告诉你,但是有条件:我在你手中先告诉你第一句名言;待你放开我,我便告诉你第二句名言;待我飞到树上之后,才会告诉你第三句名言。"

那人一心想尽快得到三句名言,好去发大财,便马上答道:

"我接受你的条件,快告诉我第一句名言吧!"

老鸟不疾不徐地说道:

"这第一句名言,便是:莫惋惜已经失去的东西!根据我们的条件,现在请你放开我。"于是那人便松手放开了它。老鸟落到离他不远的地面继续说道:

"这第二句名言便是:莫相信不可能存在的事情!"说罢,它边叫着边振翅飞上树梢:

"你真是个大傻瓜,如果刚才把我宰掉,你便会从我腹中取出一颗重达30米斯卡勒[1]、价值连城的大宝石。"

那人闻听,懊悔不已,把嘴唇都咬出了血。他望着树上的鸟儿,仍惦记着他们方才谈妥的条件,便又说道:

"请你快把第三句名言告诉我!"

狡猾的老鸟讥笑他说:

"贪婪的人啊,你的贪婪之心遮住了你的双眼。既然你忘记了前两句名言,告诉你第三句又有何益?!

---

① 1米斯卡勒等于4.68克。

难道我没告诉你:‘莫惋惜已经失去的东西,莫相信不可能存在的事情’吗? 你想想看,我浑身的骨肉羽翅加起来不足20米斯卡勒,腹中怎会有一颗重量超过20米斯卡勒的大宝石呢?!”

那人闻听此言,顿时目瞪口呆,好不尴尬,脸上的表情煞是可笑……

一只鸟儿就这样耍弄了一个人。老鸟回望着小鸟说:“孩子,你现在可亲眼见识过了?!”

小鸟答道:“是的,我真的见识过了,可这个人怎会相信在您腹中有一颗超过您体重的宝石,怎会相信这种根本不可能存在的事情呢?”

老鸟回答说:

“贪婪所致,孩子,这就是人类的贪婪本性!”

人不如兽

中野好夫*

“人不如兽”——这是司马江汉①在《春波楼笔记》中讲的一句话。

有一天，隐居的织田侯请他去做客，已有一位客人在座。好像是在说到荷兰的学问技术时，那个客人说，你似乎对荷兰很熟悉，但荷兰人颇为狡猾，并狂言道：非人乃兽也。在闭关锁国时代，身为朝臣竟然如此信口开河。司马江汉立即说“人不如兽”，当场顶了回去。

司马江汉这个人，并非一流的思想家，只是一个怪癖很多性格奇特的市井人士。他走在时代的前面，率

---

* 中野好夫(1903—1985)，日本文学研究家、评论家。著有《文学试论集》、《良知与宽容》、《鲻鱼肠》、《莎剧之趣》等。本文选自《日本经典散文》，高慧勤主编，陈喜儒译，上海：上海文艺出版社2004年版。

① 司马江汉(1738—1818)：江户后期的油画家，荷兰学学者。著作有《春波楼笔记》、《天地理谭》、《西洋画谈》等多种。

先画油画，制作铜版画。他到底懂多少荷兰语，使人不免有些疑问，但通过荷兰典籍，他提倡地动说，主张开国贸易，激烈批判封建等级制度，传播人人平等的新知识则是确凿无疑的。当一个客人说愚昧的洋人是禽兽时，他无法忍受，当头一棒驳了回去。

这是“人不如兽”这句话产生的具体背景。最近，我常常从更广泛的意义慨叹“人不如兽”。

人类果然那样伟大吗？让我们首先来考虑一下在自然环境中人的（特别是本世纪以来）状态。难道不是禽兽，不，是动物，在美好的和谐中生活吗？恐怕没有比人类更邪恶、更贪婪、更丑陋的生物了，过去没有，将来也不会有。

前几天报道说巴厘虎已经灭绝，爪哇虎也濒于灭绝。一九六一至一九六二年，我在美国大学教书时，一份科学周刊报道说，某种野鸟的变种已经灭绝，最后一只只好制成标本。这种事情，连续不断，层出不穷。这一切都是人类的贪婪残忍造成的。

例如曾被宣布灭绝的信天翁近年又被发现，正被严加保护。这无疑是个好消息。但保护说明了它已经完全丧失与人类和谐共存的条件。只有人类为自己的繁衍而苦恼，总是世界粮食危机，能否生存下去已成为令人头痛的重大问题。总是动物性蛋白质是多么重要的营养来源，于是不少船队已经出发去遥远的南极海，连鲸鱼的粮食也要夺过来。口头上总是说有计划地捕鱼，实际上还是乱捕一气。这难道可以说是人类的智慧吗？人类的繁荣吗？毋宁说是人类的贪婪演出的丑剧。

陶醉于速度也是这样。我厌恶喷气式飞机、新干线。随着喷气机的发展,我到海外旅行的次数锐减。我绝对不坐巨型喷气式飞机,一次也没坐过。为什么这么着急呢?国营铁路好像在考虑什么线性发动机。日本如此之小,有什么必要那么着急呢?真是愚蠢。

战争——这是只有人类才能干出的最大的蠢事。是否能发生第三次世界大战,这里姑且不论,但下一次中东战争,肯定在不久的将来爆发。仅就目前的情况来说,人类明白了能源极为重要,但人类的目标究竟是什么呢?大战时,他们纷纷发誓今后要根绝战争,而实际上却以发展抑止战争的力量为名开发可怕的新的杀人武器。命中注定要不断忏悔的人物,他的名字就是人类。

我现在已经不相信人类的所谓睿智。人类究竟是什么呢?我突然想起四十多年前,我刚毕业不久,曾读过英国著名的物理学家、天文学家詹姆斯·赫波伍德·靳斯的《神秘的宇宙》。我从落满尘埃的藏书中找出了这本书,其中有如下一段,大意是:

与广漠无际的宇宙相比,地上的生命,人类的存在都不过是偶然的一时的产物。在宇宙中,生命可以存在的温度带不到宇宙空间的亿兆分之一。偶然产生了地球,萌发了生命,进而进化成人类,不过是超过想象的偶然事件而已。所以"我们人类生在这个宇宙,即使不说是个错误,也完全是偶然的结果。宇宙最初就没有想创造生命。至少可以说,生命是完全没有意义的副产品。"他还譬喻说,有六只猴子,在几十亿年中,胡乱盲目地敲打打字机,其中有一只猴子突然打出了一首漂亮的莎士比亚的十四行诗。这种偶然性是完全可能的。他用这个非礼的譬喻说明地球的出现,生命的诞生都是盲目的偶然的现象。

以上虽然只是个梗概,但仔细想想,也许真是这样。倘若为连眼睛也看不见的一粒灰尘的人类的出生造出这样浩瀚的宇宙,恐怕没有这样铺张浪费的拙劣的设计师。但微尘般的人类却自以为是宇宙的主宰,实在荒唐。人不如兽,人是愚蠢透顶的。

我不知道人类在几千年后或几万年后灭亡,但灭亡是必然的。人类灭亡以后的地球将会变成什么样子呢?大家知道,在漫长的历史中,曾出现几次地壳的激烈变化。在发生激变时,地球上的生物,尤其是植物变成了地下的丰富的能源,为后面登场的高级生物准备了丰厚的繁荣基础。然而在人类文明之后的情景将是怎样呢?破坏殆尽的自然,铁和水泥的废墟,这些绝对不可能成为下一代繁荣的丰富资源。只能回到原始之前的状态,没有任何向未来发展的可能性。死块般的地球,在无限广阔的宇宙空间默默地旋转。这虽然是令人讨厌的想象,但未必不被言中。

山　水

李广田*

先生，你那些记山水的文章我都读过，我觉得那些都很好。但是我又很自然地有一个奇怪念头：我觉得我再也不愿意读你那些文字了，我疑惑那些文字都近于夸饰，而那些夸饰是会叫生长在平原上的孩子悲哀的。你为什么尽把你们的山水写得那样美好呢？难道你从来就不曾想到过：就是那些可爱的山水也自有不可爱的理由吗？我现在将以一个平原之子的心情来诉说你们的山水：在多山的地方行路不方便，崎岖坎坷，总不如平原上坦坦荡荡；住在山圈里的人很不容易望到天边，更看不见太阳从天边出现，也看不见流星向地平线下消逝，因为乱山遮住了你们的望眼；万里好景一

---

* 李广田（1906—1968），现代作家。代表作有《汉园集》、《画廊集》、《银狐集》等。本文选自《李广田散文》（第一集），李岫编，北京：中国广播电视出版社 1994 年版。

望收，是只有生在平原上的人才有这等眼福；你们喜欢写帆，写桥，写浪花或涛声，但在我平原人看来，却还不如秋风禾黍或古道鞍马更为好看；而大车工东，恐怕也不是你们山水乡人所可听闻。此外呢，此外似乎还应该有许多理由，然而我的笔偏不听我使唤，我不能再写出来了。唉唉，我够多么蠢，我想同你开一回玩笑，不料却同自己开起玩笑来了，我原是要诉说平原人的悲哀呀。我读了你那些山水文章，我乃想起了我的故乡，我在那里消磨过十数个春秋，我不能忘记那块平原的忧愁。

我们那块平原上自然是无山无水，然而那块平原的子孙们是如何地喜欢一洼水，如何地喜欢一拳石啊。那里当然也有井泉，但必须是深及数丈之下才能用桔槔取得他们所需的清水，他们爱惜清水，就如爱惜他们的金钱。孩子们就巴不得落雨天，阴云漫漫，几个雨点已使他们的灵魂得到了滋润，一旦大雨滂沱，他们当然要乐得发狂。他们在深仅没膝的池塘里游水，他们在小小水沟里放草船，他们从流水的车辙想象长江大河，又从稍稍宽大的水潦想象海洋。他们在凡有积水的地方作种种游戏，即使因而为父母所责骂，总觉得一点水对于他们的感情最温暖。有远远从水乡来卖鱼蟹的，他们就爱打听水乡的风物；有远远从山里来卖山果的，他们就爱探访山里有什么奇产。远山人为他们带来小小的光滑石卵，那简直就是获得了至宝，他们会以很高的代价，使这块石头从一个孩子的衣袋转入另一个的衣袋。他们猜想那块石头的来源，他们说那是从什么山岳里采来的，曾在什么深谷中长养，为几千万年的山

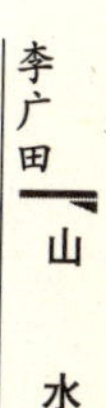

水所冲洗，于是变得这么滑，这么圆，又这么好看。曾经去过远方的人回来惊讶道："我见过山，我见过山，完全是石头，完全是石头。"于是听话的人在梦里画出自己的山峦。他们看见远天的奇云，便指点给孩子们说道："看啊，看啊，那像山，那像山。"孩子们便望着那变幻的云彩而出神。平原的子孙对于远方山水真有些好想象，而他们的寂寞也正如平原之无边。先生，你几时到我们那块平原上去看看呢：树木、村落，树木、村落，无边平野，尚有我们的祖先永息之荒冢累累。唉唉，平原的风从天边驰向天边，管叫你望而兴叹了。

自从我们的远祖来到这一方平原，在这里造起第一个村庄后，他们就已经领受了这份寂寞。他们在这块地面上种树木，种蔬菜，种各色花草，种一切谷类，他们用种种方法装点这块地面。多少世代向下传延，平原上种遍了树木，种遍了花草，种遍了菜蔬和五谷，也造下了许多房屋和坟墓。但是他们那份寂寞却依然如故，他们常常想到些远方的风候，或者是远古的事物，那是梦想，也就是梦忆，因为他们仿佛在前生曾看见些美好的去处。他们想，为什么这块地方这么平平呢，为什么就没有一些高低呢。他们想以人力来改造他们的天地。

你也许以为这块平原是非常广远的吧。不然，南去三百里，有一条小河，北去三百里，有一条大河，东至于海，西至于山，俱各三四百里，这便是我们这块平原的面积。这块地面实在并不算广漠，然而住在这平原中心的我们的祖先，却觉得这天地之大等于无限。我们的祖先们住在这里，就与一个孤儿被舍弃在一个荒岛上无异。我们的祖先想用他们自己的力量来改造他们的天地，于是他们就开始一件伟大的工程。农事之余，是他们的工作时间，凡是这平原上的男儿都是工程手，他们用铣，用锹，用刀，用铲，用凡可掘土的器具，南至小河，北至大河，中间绕过我们祖先所奠定的第一个村子，他们凿成了一道大川流。我们的祖先并不曾给我们留下记载，叫我们无法计算这工程所费的岁月。但有一个不很正确的数目写在平原之子的心里：或说三十年，或说四十年，或说共过了五十度春秋。先生，从此以后，我们祖先才可以垂钓，可以泅泳，可以行木桥，可以驾小舟，可以看河上的云烟。你还必须知道，那时代我们的祖先都很勤苦，男耕耘，女蚕织，所以都得饱食暖衣，平安度日，他们还有余裕想到别些事情，有余裕使感情上知道缺乏些什么东西。他们既已有了河流，这当然还不如你文章中写的那么好看，但总算有了流水，然而我们的祖先仍是觉得不够满好，他们还需要在平地上起一座山岳。

一道活水既已流过这平原上第一个村庄之东，我们的祖先就又在村庄的西边起始第二件工程。他们用大车，用小车，用担子，用篮子，用布袋，用衣襟，用一切可以盛土的东西，运村南村北之土于村西，他们用先前开河的勤苦来工作，要掘得深，要掘得宽，要把掘出来的土都运到村庄的西面。他们又把那河水引入村南村北的新池，于是一曰南海，一曰北海，自然村西已聚起了一座十几丈高的山。然而这座山完全是土的，于是他们远去西方，采来西山之石，又到南国，移来南山之木，把一座土山装点得峰峦秀拔，嘉树成林。年长日久，山中梁木柴薪，均不可胜用，珍禽异兽，亦时来栖止。农事有暇，

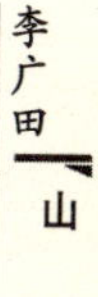

我们的祖先还乐得扶老提幼,携酒登临。南海北海,亦自鱼鳖繁殖,蘋藻繁多,夜观渔舟火,日听采莲歌。先生,你看我们的祖先曾过了怎样的好生活呢。

唉唉,说起来令人悲哀呢,我虽不曾像你的山水文章那样故作夸饰——因为凡属这平原的子孙谁都得承认这些事实,而且任何人也乐意提起这些光荣——然而我却是对你说了一个大谎,因为这是一页历史,简直是一个故事,这故事是永远写在平原之子的记忆里的。

我离开那平原已经有好多岁月了,我绕着那块平原转了好些圈子。时间使我这游人变老,我却相信那块平原还该是依然当初。那里仍是那么坦坦荡荡,然而也仍是那么平平无奇,依然是村落,树木,五谷,菜畦,古道行人,鞍马驰驱。你也许会问我:祖先的工程就没有一点影子,远古的山水就没有一点痕迹吗?当然有的,不然这山水的故事又怎能传到现在,又怎能使后人相信呢。这使我忆起我的孩提之时,我跟随着老祖父到我们的村西——这村子就是这平原上第一个村子,我那老祖父像在梦里似的,指点着深深埋在土里而只露出了顶尖的一块黑色岩石,说道:"这就是老祖宗的山头。"又走到村南村北,见两块稍稍低下的地方,就指点给我说道:"这就是老祖宗的海子。"村庄东面自然也有一条比较低下的去处,当然那就是祖宗的河流。我在那块平原上生长起来,在那里过了我的幼年时代,我凭了那一块石头和几处低地,梦想着远方的高山,长水,与大海。

一九三六年十一月五日,济南

第八辑
山水及自然景物的欣赏

大自然礼赞

李长之*

世界不是荒凉的。我们感觉没有人的时候，另外却另有别的令我们向往的东西，而且这种东西却一定存在。仿佛一个堂皇伟大、神秘而崇高的剧场吧，观众是愚妄的，这不要紧，因为他们可以散去；戏曲是鄙俗的，这不要紧，因为可以改；角色平凡，这也仍然能令人忍耐下去，因为可以希望有更不平凡的来代替。所有这些失望的痛苦，和不甘于失望，又追求新的幻影的疲劳，我们都有一点补偿了，也就是多多少少是一种慰藉了，因为剧场总是好的，一切靠不住，剧场靠得住，剧场却比较悠久些。

这剧场就是大自然。一切变，大自然不变，这剧场

---

* 李长之(1910—1978)，现代文学批评家。代表作有《鲁迅批判》、《司马迁之人格与风格》等。本文选自《百年人文随笔》(中国卷)，梁秀荣、封捷编，长春：吉林人民出版社 2003 年版。

永远是堂皇,伟大,神秘,崇高。观众,戏曲,角色,都渺小吧,这剧场却越发庄严。戏散了,这剧场也仍然巍峨地矗立着。

所以,只要没忘掉这剧场的人,他是可以心平气和下去的,并且也不会寂寞。

有谁感到没有归宿的么?到大自然里去。

最不自量,而又最不安分的动物,恐怕只有人类吧。人类企求一切,而超越了实际的能力。大自然在这地方却恰是人类的母亲,她不会打消孩子们的梦的,虽然早知道那是梦,她却只用种种暗示,种种比喻,种种曲折而委婉的辞令,让人们自己去觉悟。在人们的能力限度以内,她却又鼓舞人们,完成人们,务在把人们所仅有的一点能力,去作一些最善的发挥。

大自然有种种律则,是剧场吧,有剧场的规矩,作母亲呢,也有母亲的教导之方。不过人们不容易知道。熟悉剧场的人,自然会熟悉剧场的规矩。一个母亲的爱恶,也常是不能明白地说出来的,但是一个骄儿会恰恰符合了母亲的意向。

大自然的骄儿就是天才。大自然永远爱护天才,她有种种设计,是让天才完成自己,虽然不必事先告诉。歌德,屈原,李白,康德,贝多芬,曹雪芹,高尔基,达文西,这都是在大自然的爱护之下,而完成了自己的。

大自然往往给她的骄儿一种伟大课题,以课题为重,大自然便不惜给她的骄儿以种种的或甘或苦的经历,几乎不能胜任。她不溺爱,可是她对于她的子孙并不平等。

愚妄的人们，对她是可以怨尤的，然而她不管，她呈现给愚妄的人们，就是驳杂，混乱，她不求愚妄的人们的了解，也因为他们不能了解。

大自然在天才们的眼前，却是和悦的，她那条理和秩序，完全启示于天才。

天才没有不了解大自然的，大自然对天才，也永不会不爱护。

大自然，有情感，也有意志。她不盲目，也不麻木。她不是没有智慧，她的智慧乃是溶化于情感、意志之中。情感最可靠，大自然是任情感的，一如她所爱护的天才然。

她不但任情感，而且喜欢表现出来，你就看浓绿如油的春水吧，这是她的情感的表现。高空淡远的秋云呢，也是她情感的表现。她处处在流露，她处处似乎情不自禁。

大自然是感官的，是色相的。她忘不掉美，丑的出现，只是在人们对于美的破坏之际。她要点缀一切，她要种种色调，而且那色调要纯粹，要单一，你瞧吧，雪，红叶，云，秋霁的山岚，夏木的浓荫……

大自然就是艺术家。音乐和绘画，她天天在创造。人间一切艺术，不过是大自然的艺术的副本。在人们忘掉或者忽视了大自然的艺术的时候，往往是人间艺术堕落的时候，一旦携手，那才可以抬头。

艺术家必有意匠，大自然的意志就表现在她创造的艺术品的意匠里。大自然的意志是生，所以所有大自然的艺术，是生的表现的艺术。和这不相连的，只有人间的天才。

大自然，天才，艺术，是宇宙间最永恒的，最伟大的，最庄严的。然而这一切源于大自然，因作大自然礼赞。

美

泰戈尔*

夕阳坠入地平线，西天燃烧着鲜红的霞光，一片宁静轻轻落在梵学书院娑罗树的枝梢上，晚风的吹拂也便弛缓起来。一种博大的美悄然充溢我的心头。对我来说，此时此刻，已失落其界限。今日的黄昏延伸着，延伸着，融入无数时代前的邈远的一个黄昏。在印度的历史上，那时确实存在隐士的修道院，每日喷薄而出的旭日，唤醒一座座净修林中的鸟啼和《娑摩吠陀》的颂歌。白日流逝，晚霞鲜艳的恬静的黄昏，召唤终年为祭火提供酥油的牛群，从芳草萋萋的河滨和山麓归返牛棚。印度那纯朴的生活，肃穆修行的时光，在今日静

* 泰戈尔(1861—1941)，印度作家，1913年荣获诺贝尔文学奖。最著名的诗集是《吉檀迦利》；最受欢迎的小说是《沉船》。本文选自《外国散文经典100篇》，苏福忠选编，白开元译，北京：人民文学出版社2003年版。

溢的暮天清晰地映现。

我忽然想起，我们的雅利安祖先，一天也不曾忽视一望无际的恒河平原上日出和日落的壮丽景象。他们从未冷漠地送别晨夕和晚祷。每位瑜珈行者和每家的主人，都在心中热烈欢迎迷人的景色。他们把自然之美迎进了祭神的庙宇，以虔诚的目光注望美中涌溢的欢乐。他们抑制着激动，稳定着心绪，将朝霞和暮色溶入他们无限的遐想。我认为，他们在河流的交汇处，在海滩，在山峰上欣赏自然美景的地方，不曾营造自己享受的乐园；在他们开辟的圣地和留下的名胜古迹中，人与神浑然一体。

暮空中萦绕着我内心的祈祷：愿我以纯洁的目光瞻仰这美的伟大形象，不以享乐思想去黯淡和去贬低世界的美，要学会以虔诚使之愈加真切和神圣。换句话说，要弃绝占有它的妄想，心中油然萌发为它献身的决心。

我又觉得，认识到真实是美，美是崇伟，不是件容易的事。我们摈弃许多东西，把厌烦的许多东西推得远远的，对许多矛盾视而不见，在合乎心意的狭小范围内，把美当作时髦的奢侈品。我们妄图让世界艺术女神沦为女婢，羞辱她，失去了她，同时也丧失了我们的福祉。

撇开人的好恶去观察，世界本性并不复杂，很容易窥见其中的美和神灵。将察看局部发现的矛盾和形变，掺入整体之中，就不难看到一种恢宏的和谐。

然而，我们不能像对待自然那样对人。周围的每个人离我们太近，我们以特别挑剔的目光夸大地看待他的小疵。他短时的微不足道的缺点，在我们的感情中往往变成非常严重的过错。贪欲、愤怒、恐惧妨碍我们全面地看人，而让我们在他人的小毛病中摇摆不定。所以我们很容易在寥廓的暮空发现美，而在俗人的世界却不容易发现。

今日黄昏，不费一点力气，我们见到了宇宙的美妙形象。宇宙的拥有者亲手把完整的美捧到我们的眼前。如果我们仔细剖析，进入它的内部，扑面而来的是数不清的奇迹。此刻，无垠的暮空的繁星间飞驰着火焰的风暴，若容我们目睹其一部分，必定目瞪口呆。用显微镜观察我们前面那株姿态优美的斜倚星空的大树，我们能看清许多脉络，许多虬须，树皮的层层褶皱，枝桠的某些部位干枯，腐烂，成了虫豸的巢穴。站在暮空俯瞰人世，映入眼帘的一切，都有不完美和不正常之处。然而，不扬弃一切，广收博纳，卑微的，受挫的，变态的，全部拥抱着，世界坦荡地展示自己的美。整体即美，美不是荆棘包围的窄圈里的东西，造物主能在静寂的夜空毫不费力地向世人昭示。

强大的自然力的游戏惊心动魄，可我们在暮空却看到它是那样宁静，那样绚丽。同样，伟人一生经受的巨大痛苦，在我们眼里也是美好的，高尚的，我们在完满的真实中看到的痛苦，其实不是痛苦，而是欢乐。

我曾说过，认识美需要克制和艰苦的探索，空虚的欲望宣扬的美，是海市蜃楼。

当我们完美地认识真理时，我们才真正地懂得美。完美地认识了真理，人的目光才纯净，心灵才圣洁，才能不受阻挠地看见世界各地蕴藏的欢乐。

中国人与山水

罗　兰*

中国人对山水的看法和西方人有所不同。中国人游山玩水，是持着纯欣赏的态度，而不是持着运动的态度。而西方人则是抱着健行和征服的“壮志”。现在我们也有了这风气。

过去中国人谈游山，从未见有人说他“征服”了某个冰封雪冻的高山而引以为傲。中国人游山是欣赏它的深邃幽缈，高不可攀、深不可测的含蓄之美，所以说是“寻幽探胜”。“寻”与“探”，都意味着一种小心翼翼的赞叹激赏之情，即使不得不越过穷山恶水，也并不以自己此举是一种“征服”。

中国人对山的欣赏，是欣赏它林木森森的含蓄，和

---

* 罗兰(1919—　)，当代散文家。著有《罗兰小语》、《岁月沉沙》等。本文选自《百年人文随笔》(中国卷)，梁秀荣、封捷编，长春：吉林人民出版社 2003 年版。

人迹罕至的空灵。唐朝诗人常用山林来造境，以表达他们的禅思和对大自然的喜爱。因此，他们笔下的山是："石泉淙淙若风雨，桂花松子常满地"的生机，"只在此山中，云深不知处"的幽谧，是"落叶满空山，何处寻行迹"的隐逸，是在入世的生活中，奋斗浮沉之余，给自己的心灵寻访一个自由逍遥、无人干扰的空间，使人间桎梏得到解脱。所以，中国人游山是纯然精神上的快乐与解脱，绝无一丝欲要"征服"而后快的敌意。

寒山子有诗形容他被认为隐入寒岩的实际境界是：

> 君问寒山道，寒山路不通。
> 夏天冰未释，日出雾朦胧。
> 似我何由届，与君心不同。
> 君心若似我，还得到其中。

人们不去体会他这首偈语般的诗，而误以为他真的隐入岩去了。于是，美国嬉皮起而仿效，结果无功而返。

寒山子并没有去"征服"寒岩，他的"隐入寒岩"是"与君心不同"。所以你要问他"似我何由届"？那就是不懂得中国人所重视的"心境"了。"隐"是心的事，而不是实际行动的事。没有人能在"夏天冰未释，日出雾朦胧"的寒岩生存。寒山子只是不想让人知道他在人世间的某一个角落，避开扰攘纷争的纠缠而已。

如果他真是能在寒岩生存，那他岂不就是今天世界上的登山专家，可以去征服额非尔士峰而毫不费力了？但那又岂是中国诗哲所赞赏追求的境界？

中国诗人都爱山，"五岳寻仙不辞远"，而他们的态度是谦和的，心情是轻松的，出发点是爱与诚服的。他们不觉得山有去“征服”的必要。除非你是像西方侵略者那样，要去别国的边境，偷偷插上一面属于他们自己的国旗。那便不是游山，也不是健行，而变成侵略与偷袭了。

再看中国人对水的态度，也与西方人有所不同。我常觉得中国人都是天生的道家，而道家哲学的具体象征就是“水”。从老子的“上善若水，水善利万物而不争”到“江海所以能为百谷王者，以其善下之”，到庄子秋水篇，借河伯与海若来比喻见识的小与大，渔父篇，借江上渔父来象征一种不屑世俗仪节的超然，都是用“水”来给人造成浩阔博大的思想境界，然后才对照出个人的渺小。因此，中国人游山玩水的“玩”，是“玩味”的“玩”，而不是介入其中的玩。文人乘月泛舟，静态多于动态，用心灵多于用体力。最高境界的“玩水”，是像苏东坡赤壁赋里的玩法，是静观的。由观赏“澄江似练”和“月出于东山之上，徘徊于斗牛之间”而想象到自己可以“羽化而登仙”。最后体悟到“逝者如斯而未尝往也，盈虚者如彼，而卒莫消长也，盖将自其变者而观之，则天地不曾以一瞬，自其不变者而观之，则物与我皆无尽也……”的哲思。用这种哲思来面对世界宇宙，则不会演变成杀伐黩武或破坏自然生态的可怕结局。

中国人是天生的哲学家。我们几乎可以从日常一切活动之中提炼出令人感动的意义。即使游玩，也不强调表面的体力活动。历来文人与武人都不鼓励匹夫之勇，诗人李白好任侠，喜登山，却不曾听说他夸耀过自己“征服”了多少山头，而只说“五岳寻仙不辞远，一生好入名山游”。他爱水，“举杯邀明月，对影成三人”，甚至传说他醉后想向水中捞月而淹死，不曾听说他创了游过某条长河的记录。他们饮酒是为了赋诗，游山是为了寻真，玩水是为了旷怀，郊游是为了陶冶性灵。著名登山旅行家徐霞客或许比较特殊，他是为了探寻地理山形，不是纯欣赏，但也未闻他以“征服某山”自我夸耀，他只是向大地求知而已。

中国人欣赏山水的态度也可以从山水画中看出。世界各国的画家，除日、韩等亚洲国家，受中国的影响，有专门的山水画家之外，西方国家并不以山水画作为一个画派。也说明了东西两方对世界的看法角度之不同。国画中绝少穷山恶水，纵使孤峰插云，仍不会给人险恶的感觉。多数山水画，在层峦叠嶂之间，细看总有曲径通幽，所谓“已通樵径行还碍，似有人声近却无”。在涧水之上，或有小桥可通山径，隐约可达茅屋一椽，想象当是隐者的居处。即使怪石嶙峋，仍有草木点缀其间。雪景则温柔如堆絮，故宫博物院收藏的后人临摹王维的“雪石图”、燕肃的“寒岩积雪图”，都只使人觉得幽静之至，却又深藏着生机，而不使人感到惊惧可畏，望而却步。五代人所绘“雪渔图”中的渔父，在水滨竹林间，冒雪瑟缩，画家却把他的衣服衬以彩笔着色，立刻使人感到寒中有暖，这渔父，不是无家可归，这是中国古人借艺术所表达的对世界的善意与爱惜，显现温柔敦厚之美。使人无论读诗看画，在孤高超诣之中却能感到无限的温和与安慰。说明尽管文人雅士向往离群索居的隐逸生涯，却并不是真的厌恨人间。王维的《终南别业》，虽然“终年无客常闭关，终日无心常自闲”,但是仍然邀约好友“可以饮酒复垂钓,君但能来相往还”。这样的隐入山中,是十分感情的。

你也许会说,那是因为写诗作画的人是文人的缘故,所以不以攀登高山去强调勇气与体力。不过,如果你细读中国各式武侠小说,其中却更不乏山中的高人隐士、武林的大侠。他们隐居山林,志节高蹈,是武人中的智者,其生活情调典雅悠闲,是中国人对侠客最崇仰的一项因素。武人也不逞匹夫之勇。武侠小说中之逞强斗力的角色都是配角。在中国武人心中,大自然也是宗师,而不是要求征服的对象。中国武术招式常采取动物的动作,也是以自然为宗师之一例。

“征服”山头,是人与自然站在敌对立场,来显示人类的强大。事实上,人类只可以“到达”某些山头,却并不能“征服”它。中国诗人笔下的“寻幽探胜”是“认识”二字的美化。

用“征服”的心情,专找穷山恶水去冒险,和中国式的游山玩水,在趣味上和格调上,是截然不同的两回事。前者是敌对,后者是爱惜。

人类登月是伟大的成功,但与其说这是“征服”了月亮,不如说是超越了自己,创造了历史和进一步了解了大自然。因为月亮上尽管有了人类的足迹,但在人类的世界里,仍然是“何处春江无月明”。

人类有史以来,确实克服了无数自然界的阻力,创造了文明,这是值得夸耀的一面,但人类真正的成功,还是要与自然合作而善用自然,因“征服”而贬损了对自然界的欣赏,固非人类之福;因“征服”破坏了自然界运行的秩序,恐怕更是人类之祸了。

山水及自然景物的欣赏

郁达夫*

自从亚里士多德的文学模仿论创定以来，以为诗的起源是根据于模仿本能的学说，到现在还没有绝迹；论客的富有独断性者，甚至于说出“所有的艺术，都是自然的模仿；模仿得像一点，作品就伟大一点，文学是如此，绘画亦如此，推而至于音乐，舞蹈，也无一不如此”等话来。这句话，虽则说得太独断，太笼统；但反过来说，自然景物以及山水，对于人生，对于艺术，都有绝大的影响，绝大的威力，却是一件千真万确的事情；所以欣赏山水以及自然景物的心情，就是欣赏艺术与人生的心情。

无论是一篇小说，一首诗，或一张画，里面总多少

---

* 郁达夫(1896—1945)，现代小说家。代表作有《沉沦》、《春风沉醉的晚上》、《茑萝行》等。本文选自《郁达夫全集》第六卷，杭州：浙江文艺出版社1992年版。

含有些自然的分子在那里;因为人就是上帝所造的物事之一,就是自然的一部分,决不能够离开自然而独立的。所以欣赏自然,欣赏山水,就是人与万物调和,人与宇宙合一的一种谐合作用,照亚里士多德的说法,就是诗的起源的另一个原因,喜欢调和的本能的发露。

自然的变化,实在多而且奇,没有准备的欣赏者,对于他的美点也许会捉摸不十分完全的;就单说一个天体罢,早晨的日出,中午的晴空,傍晚的日落,都是最美也没有的景象;若再配上以云和影的交替,海与山的参错,以及一切由人造的建筑园艺,或种植畜牧的产物,如稻麦、牛羊、飞鸟、家畜之类,则仅在一日之中,就有万千新奇的变化,更不必去说暗夜的群星,月明的普照,或风、雷、雨、雪的突变,与四季寒暖的更迭了。

我们人类,大家都有一种特性,就是喜新厌旧,每想变更的那一种怪习惯;不问是一个绝色的美人,你若与她日日相对,就要觉得厌腻,所以俗语里有"家花不及野花香"的一句;或者是一碗最珍贵最可口的菜,你若每日吃着,到了后来,也觉得宁愿去换一碗粗肴淡菜来下饭;唯有对于自然,就决不会发生这一种感觉,太阳自东方出来,西方下去,日日如此,年年如此,我们可没有听见说有厌看白天晚上的一定轮流而去自杀的人。还有月亮哩,也是只在那么循行,自有地球有人类以来的一套老调,初一出,月半圆,月底全没有,而无论哪一处的无论哪一个人,看了月亮,总没有不喜欢的,当然瞎子又当别论了。自然的伟大,自然的与人类有不可须臾离的关系,就此一点也可以看出来了,这就是欣赏自然景物的人类的天性。

欣赏自然景物的本能，是大家都有的；不过有些人忙于衣食，不便沉酣于大自然的美景，有些人习以为常了，虽在欣赏，也没有欣赏的自觉，因而使一般崇拜自然美的人，得自命为雅士，以为自然景物，就只为了他们少数人而存在的。更有些人，将自然范围限制得很小，以为能如此这般的欣赏，自然景物，就尽在他们的囊中了。下边的四首歌曲和一张节目，就是这些雅士们的欣赏自然的极致，我们虽则不能事事学他们，但从小处也可以见大，倒未始不是另一种欣赏自然景物的规范。

这些原也不免有点过于自命风雅，弄趣成俗之嫌；可是对于有些天良丧尽、人性全无的衣冠禽兽，倒也可以给他们一个警告，教他们不要忘掉自然。我从前在北平的时候，就有一位同事，是专门学法律的人，他平时只晓得钻门路，积私财，以升官发财为唯一的人生乐趣，你若约他上中央公园去喝一碗茶，或上四山去行半日乐，他就说这是浪漫的行径，不是学者所应有的态度。现在他居然位至极品，财积到了几百万了，但闻他唯一娱乐，还是出外则装学者的假面，回家则翻存在英国银行里的存折，对于自然，对于山水，非但不晓得欣赏，并且还是视若仇敌似的。对于这一种利欲熏心的人，我以为对症的良药，就只有一服山水自然的清凉散，到这里，前面所开的那两个节目，倒真合用了；因为山水、自然，是可以使人性发现，使名利心减淡，使人格净化的陶冶工具。我想中国贪官污吏的辈出，以及一切政治设施都弄不好的原因，一大半也许是在于为政者的昧了良心，忽略了自然之所致。

自然景物所包含的方面,原是极博大、极广阔的;像上面所说的天地岁时、社会人事,静而观之,无一不是自然,无一不可以资欣赏,但这却非要悠闲自得,像朱夫子那样的道学先生才办得到;至于我们这种庸人,要想得到些自然的美感,第一,还是上山水佳处去寻生活,较为直截了当;古往今来,闲人达士的游山玩水的习惯的不易除去,甚至于有渴慕烟霞成痼疾的原因,大约总也就在这里。

大抵山水佳处,总是自然景物的美点发挥得最完美,最深刻的地方。孔夫子到了川上,就觉悟到了他的栖栖一代,猎官求仕之非;太史公游览了名山大川,然后才死心塌地,去发愤而著书。可知我们平时所感受不到的自然的威力,到了山高水长的风景聚处,就会得同电光石火一样,闪耀到我们的性灵上来;古人的讲学读书,以及修真求道的必须要人深山傍大水去结庐的理由,想来也就在想利用这一点山水所给予人的自然的威力。

我曾经到过日本的濑户内海去旅行,月夜行舟,四面的青葱欲滴,当时我就只想在四国的海岸做一个半渔半读的乡下农民;依船楼而四望,真觉得物我两忘,生死全空了。后来也登过东海的崂山,上过安徽的黄山,更在天台雁荡之间,逗留过一段时期,每到一处,总没有一次不感到人类的渺小,天地的悠久的;而对于自然的伟大,物欲的无聊之念,也特别的到了高山大水之间,感觉得最切。所以要想欣赏自然的人,我想第一着还是先上山水优秀的地方去训练耳目,最为适当。

从前有一个赞美英国 19 世纪的那位美术批评家

拉斯肯的人说，他在没有读过拉斯肯以前，对于绘画，对于蒙勃兰高峰的积雪晴云，对于威尼斯，弗露兰斯的壁画殿堂，犹如瞎子，读了之后，眼就开了。这话对于高深的艺术品的欣赏，或者是真的，但对于自然美，尤其是山水美的感受，我想也未必尽然。粗枝大略的想欣赏自然，欣赏山水，不必要有学识、有鉴赏力的人才办得到的；乡下愚夫愚妇的千里进香，都市里寄住的小市民的窗槛栽花，都是欣赏自然的心情的一丝表白。我们只教天良不泯，本性尚存，则单凭我们的直觉，也就尽够做一个自然景物与高山大水的初步欣赏者了。

秋天的况味

林语堂*

秋天的黄昏，一人独坐沙发上抽烟，看烟头白灰之下露出红光，微微透露出暖气，心头的情绪便跟着那蓝烟缭绕而上，一样的轻松，一样的自由。不转眼，缭烟变成缕缕细丝，慢慢不见了，而那霎时，心上的情绪也跟着消沉于大千世界，所以也不讲那时的情绪，只讲那时的情绪的况味。待要再划一根洋火，再点起那已点过三四次的雪茄，却因白灰已积得太多而点不着，乃轻轻的一弹，烟灰静悄悄的落在铜炉上，其静寂如同我此时用毛笔写在纸上一样，一点的声息也没有。于是再点起来，一口一口的吞云吐雾，香气扑鼻，宛如偎红倚翠温香在抱情调。于是想到烟，想到这烟一股温煦的

---

* 林语堂（1895—1976），现代作家。代表作有《剪拂集》、《中国人》、《京华烟云》等。本文选自《林语堂文选》（上），张明高、范桥编，北京：中国广播电视出版社 1990 年版。

热气，想到室中缭绕暗淡的烟霞，想到秋天的意味。这时才忆起，向来诗文上秋的含义，并不是这样的，使人联想的肃杀、是凄凉、是秋扇、是红叶、是荒林，是萋草。然而秋确有另一意味，没有春天的阳气勃勃，也没有夏天炎烈迫人，也不像冬天之全入于枯槁凋零。我所爱的是秋林古气磅礴气象。有人以老气横秋骂人，可见是不懂得秋林古色之滋味。在四时中，我于秋是有偏爱的，所以不妨说说。秋是代表成熟，对于春天之明媚娇艳，夏日的茂密浓深，都是过来人，不足为奇了，所以其色淡，叶多黄，有古色苍茏之概，不单以葱翠争荣了。这是我所谓秋天的意味。大概我所爱的不是晚秋，是初秋，那时暄气初消，月正圆，蟹正肥，桂花皎洁，也未陷入凛冽萧瑟气态，这是最值得赏乐的。那时的温和，如我烟上的红灰，只是一股熏热的温香罢了。或如文人已排脱下笔惊人的格调，而渐趋纯熟练达，宏毅坚实，其文读来有深长意味。这就是庄子所谓"正得秋而万宝成"结实的意义。在人生上最享乐的就是这一类的事。比如酒以醇以老为佳。烟也有和烈之辨。雪茄之佳者，远胜于香烟，因其意味较和。倘是烧得得法，慢慢的吸完一支。看那红光炙发，有无穷的意味。鸦片吾不知，然看见人在烟灯上烧，听那微微哔剥的声音，也觉得有一种诗意。大概凡是古老、纯熟、熏黄、熟练的事物，都使我得到同样的愉快。如一只熏黑的陶锅在烘炉上用慢火炖猪肉时所发出的锅中徐吟的声调，使我感到同看人烧大烟一样的兴味。或如一本用过二十年而尚未破烂的字典，或是一张用了半世的书桌，或如看见街上一涂熏黑了老气横秋的招牌，或是看见书法大家苍劲雄浑的笔迹,都令人有相同的快乐。人生世上如岁月之有四时,必须要经过这纯熟时期,如女人发育健全遭遇安顺的,亦必有一时徐娘半老的风韵,为二八佳人所不及者。使我最佩服的是邓肯的佳句:"世人只会吟咏春天与恋爱,真无道理。须知秋天的景色,更华丽,更恢奇,而秋天的快乐有万倍的雄壮、惊奇、都丽。我真可怜那些妇女识见褊狭,使她们错过爱之秋天的宏大的赠赐。"若邓肯者,可谓识趣之人。

编辑手记

2005年6月,北京大学出版社推出了由夏中义先生主编的《大学新语文》,虽然目前我们已经收到众多专家学者和普通读者对这本书的好评和建议,但《大学新语文》的价值和意义在更大范围内的显现,却有待更多的朋友们在阅读中去评判。

《未名·新青年读本》的编选和出版则是《大学新语文》的策划者和编选者们一次“意犹未尽”的补偿。像《大学新语文》的编选理念一样,《未名·新青年读本》依然将思想的力量和美的魅力并重,不仅为读者提供美文的鉴赏,更希望带领朋友们穿越时空的阻隔,与更多深具思想魅力的先哲们对话。配合《大学新语文》16章的内容和主题,这套丛书在大学、青春、仁爱、情恋、自由、良知、敬畏、乡愁、记忆、英雄、坚忍、希望、自我、幽默、诗意、自然等16个主题词之下,在古今中外的优秀典籍中展开范围广泛的挖掘工作,努力将曾给予历代知识阶层和社会精英心灵安慰和精神滋养的文字精华和思想经典呈现给今天的年轻一代。

在这个喧嚣嘈杂的时代，在那些倏忽来去转瞬即逝的日子里，年轻的朋友们如何静心体味生命的美好而不令光阴虚度，是让很多人焦虑的事情。曾经有位长者说，如果在每一个平凡的日子里你都能体会到一点感动，那你的生命质量就在不断提高。感动，不仅来自现实的人世，更来自人类在不断前行的途中保留在文字中真切而生动的体验。人生固然短暂，但如果我们能有效地利用数代先贤们用时光和热情换回的沉思与感悟，是否也可以藉此令自己的生命更具质感？

整日困于文字的海洋，恍然间意识到2005年恰是20世纪之初的《新青年》杂志创刊（1915年9月15日）90周年的日子。《新青年》杂志对于现代民族国家概念体系中的"中国"的意义，自然有思想史、文学史、文化史的研究者们去论证，但回头遥望那个有太多东西值得纪念的时代，不觉心中一动：《未名·新青年读本》本无意于特地为前辈们的《新青年》实施庆典，却又灵犀相通般在一个不可知的时间点上不期而遇，岂非机缘巧合？

我们自然还不至将《未名·新青年读本》和90年前的《新青年》杂志做任何不自量力的比较，但人世的时序总是轮回，今日的青年们想必和90年前的青年们一样有着年轻的梦想和激情，如若这套丛书能给行走在青春征程上的青年朋友们提供一点点的滋养和帮助，那也是付出过真诚和智慧的作者和编选者们最大的安慰了。

北京大学出版社综合编辑室

2005年12月